間庭充幸
Mitsuyuki Maniwa

日本政治の深層病理

戦後民主主義の社会学

書肆クラルテ

日本政治の深層病理

——戦後民主主義の社会学●目次

序章　社会状況と日本的集団の原理

1　本書のねらいと方法

(1)　社会状況の真相隠蔽機能――「空気」に弱い日本人

状況と現実の間

人間は状況に適応しないと生きていけない。厳しい状況に直面すると絶望も次第に諦念に変わり、それが習慣化していつの間にか常識となり、やがては規範にさえ変質することがある。この場合の状況（situation）は一般にいう環境とは異なって人間との間に疎遠感が少なく、その一部は人間の内部にまで浸透している点に特色がある。しかしそれは他者との関係によってつくられる点で、社会状況（丁寧には社会的状況）というのが適切であろう。したがってまたそれは、単に運命として外から与えられるだけでなく、自らも半ば主体的に状況を生きる点がとくに重要である。なお社会的状況は、より客観的な「状態」という意味で使用されることも多いが、実際には両者の境界は曖昧である。状態とは逆だが、よく言われる「空気」もまたその一部（変化形）と言ってよい。

客観的に見れば、今日の社会状況（以下「状況」とも略記）は大変に閉塞的で抑圧感も強い。しかもそれが長く続いている。とくに自民党政権下では政治・経済次元だけでなく、日常生活そのものが抑圧状況に覆われているといっても過言ではない。社会状況は後にも触れるように、本来は実生活の厳しさを覆い隠すような役割をもっているが、ここではその余地さえなくなってきているということであろう。しかし人はそれに絶望し、諦めるだけでは生きていけない。状況が厳しければ厳しいほどどこれに必死にしがみつき、そこに一縷の希望さえ託そうとする。それが多くの人の現実というものなのであろう。

問題はそうした現実に適応することで、いつしかそれが習慣化してごく当り前になるだけでなく、ときに規範とさえなり、逆にそれに反抗する人間の方が変わり者で、せっかくなじんだ状況を攪乱する異端者にさえ見えてくることである。もとの抑圧的な状況がいつの間にか変質し、より疎遠感の少ない別次元の社会状況に生まれ変わる。そしてこの方が一層現実としての力を発揮する。それは理性を超えたものなのであろう。

そうした状況の習慣化（現実化）という点につき清水幾太郎は、J・デューイの「人間は習慣によって動くものであって、理性や本能によって動くものではない」、またW・ジェイムズの人間は「習慣の束」であるという言葉を紹介しつつ次のように述べている。「人間の理論にして具体的であり現実的であろうと欲するならば、それは常に習慣の理論の上に立つのでなければならぬ」（清水幾太郎『社会的人間論』一二一―一三頁）。個人の側から見ればいくぶんの不合理を含みつつも、そうした状況への適応がいつしか習慣化し、人間の血肉にさえなってしまうということである。本能か否かは別として、人間を最初から理性や論理で動くと見るのは間違いだということであろう。しかし、その生きられる状況が本当に自分を生かすものであるか否かはまた別の問題である。

自民党安倍内閣の支持率が、憲法の精神に抵触するような多くの政策を実行しているにもかかわらず一向に落ちず、常に五〇パーセントほどの定常値を維持しているのもそうした社会状況のからくりに一因があるのかも知れない。もちろんそれを支えるような状況の形成には、後に詳しく触れるようにメディアの報道も深く関与している。

ところで、そのようにして生まれる社会状況も歴史的に見ればさまざまな質の違いがあるから一概にやましいものばかりとは限らない。ここで、次に進む前にこの点にも少し触れておこう。厳しい社会状況でもそこに本当の夢や希望が見出せるなら、それに耐えることも意味がある。これは戦後における希有な例である。

振り返ってみると、敗戦直後の生活難や欲求不満はとても今日の比ではなかったが、それでもそこには新憲法下での民主主義に向けた明るい夢と希望があり、状況は開けていた。貧しくとも状況が厳しくとも未来に向けた確かな夢と希望があれば、そこには生き甲斐も生まれよう。時代が時代だけに生活は苦しく、犯罪なども多く発生していた。それでも今日の格差社会のような先の見えない閉塞感は少なかったように思う。そこでは状況が実際の現実を上まわって人びとを奮い立たせる生産的な機能を発揮したと言ってよい。状況が現実の中の夢や希望を増幅してくれたとも言えよう。あるいは状況と現実が同じベクトルをもっていたとも言える。

それから七〇年あまり、時代は回って展望の見えない厳しい状況に追い詰められ、その憲法さえ破壊されようとする今日、とくに若者はそこにどんな夢や希望、そして生き甲斐を見出しうるのであろうか。「豊かな」時代と言われるのに過労自殺が頻繁に起こるところなどを見ると、表から見えやすい状況以上に実態はもっと厳しいのかも知れない。

ここでの中心課題ではないが念のために言えば、そうした自殺の背景には低賃金や長時間労働、非正規雇用の増加や格差の拡大、また高齢化にともなう先の見えない将来への不安などなどが渦巻いてる。それらは新自由主義を核とするグローバリズムを内側から加速させるような政府の政策と緊密に結びついている。すでに破綻したと言われるアベノミクスなどはその典型であろう。

しかし今日の社会状況はこれらをうまく包み込み、その客観的な原因追究をはぐらかすような方向に人びとを誘導する危険性さえはらんでいる。「美しい国」、伝統的な「国家・郷土愛」への夢と希望である。それは最近流行の右傾ポピュリズム（ナショナリズム）とも共鳴し合う。人間はどんな厳しい状況下にあっても、そこに何らかの夢や希望を見出さないと生きていけない動物なのであろう。もはや敗戦直後のように実態（現実）と状況が生産的に響き合っていた時代ではない。

ちなみに「美しい国」や「我が国と郷土」への愛は今日の自民党政権（安倍晋三首相）が掲げる国家観であるが、このような国家への「夢や希望」が観念の中で純粋培養されると、閉塞感や将来への不安を抱える人の中にはこの純粋国家と自己を同定化し、これを妨げる他者を自らの不幸の原因ととらえて排除しようとさえする思考が芽生える。状況はねじれて二転三転する。

二〇一六年に起こった「相模原障害者施設殺傷事件」にもその一端がうかがえる。加害者は犯行前、国家機関である衆院議長公邸に障害者抹殺とその訳をわざわざ訴えていたというから、彼は自ら構成した国家のためにいいことをやるのだと考えていたのであろう。しかし実際の国家は、事件の背景としての福祉問題を国益のために犠牲にするようにさえ働いている。この加害者も本来の現実から目を背けつつ、自ら構成した観念的国家像（社会的状況）に乗って障害者を異端として排除しようとしたのかも知れない。

空気も状況の一種——その正体

ところで、日本人は空気を読むに敏で状況に流されやすいとよく言われる。この場合の空気も状況の一種、あるいはその派生体かも知れない。しかし空気からイメージされるように、それが突然どこからか流れてきて人びとに感染するわけではないであろう。それは一体どこに生まれ、どこからくるのか。ここで、社会状況とともにその正体が改めて問われなければならない。結論を先取りして言えば、それは先にも示唆したようにその背後に直接間接つらなる（糸を引く）母体としての国家を含めた関係組織や集団の意向、それらを陰で操る権力者の無言の意図、さらにはこれらの底を貫く日本の集団論的特質と緊密にかかわっている。もちろんその流布・浸透に寄与するマスメディアの影響力も無視できない。いくつか例を挙げてみよう。

東京で築地市場の移転先に予定されている豊洲市場の地下空間が問題になっている。当初、毒物の浸出防止用に決めた「盛り土」がいつの間にかコンクリート空間に変更され、その変更についていつ誰がどう決めたのか都民にも議会にも説明責任が果たされていないという。小池百合子知事は二〇一六年九月三〇日の記者会見で「いつ誰が、という点はピンポイントで指し示すのは難しい。流れの中で、空気の中で進んでいった」と述べている。誰も逆らうことができないような空気の中で自ずから決まったということであろうか。

その後の調査でさらに明らかになった点が同年一一月一日に小池知事から改めて発表された。それによると、この変更は二〇一一年、メンバー八人による部課長会議で決められたとし、その氏名も明らかになった。しかし部課長会議で誰がどういう責任のもとに、どういういきさつで決まったのかは何も分からない。当初の計画が一部局の判断で「独断的に」覆され、その「理由も不透明」のまま議会にも報告されず、巨大事業だけが進行していったという。九月段階から見れば格段に透明度は増したが、「いつ誰が、というピンポイント」までにはとうてい及ばない。部課長会議の実態は基本的にはやはり「空気」、というより状況に支配されたという他はない。

さらに、その後も奇怪な事実が次つぎと明らかになった。都議会の百条委員会は二〇一七年三月二〇日、石原慎太郎元知事の証人喚問を行ったが、築地市場の豊洲への移転自体さえ知事を含めて「都庁全体の大きな流れがあり、逆らいようがなかった」という。そこには一段と濃厚な「空気」が流れていたのであろう。空気というより、もはや社会状況の圧力という方が正確であろう。東京都は巨大官僚組織であり、やはりその集団的性格や構造、それを貫く隠然たる権力の意向、忖度も含めてこれらに逆らうことを許さない社会状況の形成に問題があるというべきであろう。もちろんピンポイントで責任者を特定することはできなくとも、権力中枢に責任があることは否定できない。こういう状況の圧力の中で、不合理な問題点や弱者の意向などは隠されてしまったのであろう。

また安倍晋三首相は二〇一六年九月二六日の衆院本会議での所信表明演説中、海上保安官、自衛隊員、警察官の働きぶりに触れ、「いまこの場から、心からの敬意を表そうではありませんか」と呼びかけ、拍手を始めた。すると起立の命令を受けたわけでもないのに自民党員全員が一斉に立ち上がって拍手した。国会という場で一部の職業者のみを讃えるうさんくささもさることながら、場が場だけに自民党員のこのような行動は不謹慎かつ不気味という他はない。敏感に状況の空気を感じ取っての、一人異端者に祭り上げられるのを未然に避けるための行動であろう。これも自民党という組織の集団的特性と権力者の意向への忖度からくると言ってよい。

これらは一つの組織や集団がメンバーをうまくその意向に同調させるために生成した、あるいは図らずも醸成した社会状況ないし空気の例であり、直接的には都民なり自民党員のみにかかわっている。しかし、より重要なのは冒頭に挙げた時代の厳しさへの対応（誘導）のように国民全体を巻き込んでいくような、それも飼い慣らされて習慣の域にまで達したような社会状況である。その場合には国家という機関（特殊な組織）が対象となる。国家がその政策（国策）の中に国民をいかにうまく動員するか、そのためにどんな策を弄するか（したか）、過去の例を振り返ってみると鮮明なイメージが浮かんでくる。

戦時下にあっては、戦争に向けた新聞・雑誌への通常の国策宣伝だけでは足りず、まさにその方向に向けた社会状況をつくり出すための権力による露骨なプロパガンダ活動が展開されていった。一九四一年の真珠湾攻撃後に大政翼賛会の発表した「鬼畜米英」、軍事国家に向けての国力増強のための「産めよ増やせよ、国のため」、一九三八年の国家総動員法制定後、その反対・批判者は「国賊」であり、「贅沢は敵」になってしまった。これらを「種」（プロパガンダ）として形成されていった社会状況が国民にとっては戦時体制への強い吸引力（規範）となったのはいうまでもない。「犯罪者」扱いされるのを覚悟で、この状況をまともに批判する異端者など出る余地がなかった。逆に状況に乗ることでようやく生き延びた。それが現実であり、本当の現実（真実）はその向こうに隠されてしまった。

このメカニズムは現代でもそのまま通用する。もう一つ最近の例を挙げよう。後にも示すように現自民党安倍政権は二〇一二年、憲法問題を隠したまま今では惨憺たる失敗が明らかなアベノミクスを掲げて参院選に勝利した。当時、国民の多くはこれで生活がいくらかでも楽になると見て、かすかな希望を抱いたのであろう。また経済とならんで国防問題でも国民の信じやすい北朝鮮や中国を潜在的な敵国とする「東アジアの緊張関係」を異常に演出し、憲法違反とも称される安全保障関連法を成立させた。結果的に見れば、「アベノミクス」もアジアの「緊張関係」も政権に好都合な社会状況を形成するための格好のプロパガンダでありスローガンだったと言ってよい。

国家も実際にその運用にかかわり、社会状況に向けてのプロパガンダやスローガンを発信する大本はその時代の政権党（組織）であり、その幹部（権力中枢）である。その意味では先にも指摘したように、社会状況を生み出す究極の母体はやはり権力者の意図を汲んだ組織や集団であることに変わりはない。自治体と住民との関係も同じ同心円的構造の中にあると言えよう。もちろん国家を通して発信された情報が各地域の組織や集団の中で再生産され、それがさらに同心円的に合成されつつ国家に戻り、再び国家の発進力を強めるという循環機能も無視できない。

アジアの異常な緊張関係の演出もアベノミクスも、結果的には自民党政権の別の意図（憲法改変に向けての政策）を推進するためにつくられた社会状況という側面が強いことは、後にその政策が実現してからようやく人びとの目に見えてくるものなのであろう。こうして、現代日本の深い病状も民主主義の衰退も、その原因を追究するに際してはただ権力の特質や権力内部の構造分析だけでなく、すでに取り上げてきたような意味での国民をも巻き込んでいくさまざまな次元での社会状況と人間の問題に焦点が当てられねばならない。

(2) 日本人の行動特性と責任の曖昧さ

社会状況のほとんどは、時の権力者（幹部）の意向を汲んだ組織や集団、それを貫く集団的特質に直接間接規定されるが、そのような状況を生きる人びとにとってはそれらの因果関係がはっきりと意識（認識）されているわけではない。むしろそういう社会状況を生きること――受け止め方は人により微妙に異なっても――自体がごく自然であり、それは規範的な色彩さえ帯びることで一種の文化、すなわち日本人の行動様式とさえなっていく。そして、このような文化＝行動様式自体が半ば独立して逆に先の組織や集団、またそれを規定する集団的特質を下から支える役割さえ発揮する。社会状況が権力の隠蔽装置、あるいは緩衝装置となるゆえんである。

やや視点を替えて言えば、そういう行動様式自体も淵源をたどれば日本の集団的特質からくる一特性かも知れない。したがって、それはもともと社会状況に巻き込まれやすい条件をもっていると言えよう。極言すれば、そういう日本人の行動様式自体がすでに社会状況の一要因であり、一因子だと言えよう。

社会状況に包まれて、あるいは社会状況と一体でその隠れた意向をメンバー（国民も含めて）に浸透させようとする組織や集団特有の仕組みにどうアプローチすべきか。この問題に移る前に、ここではそうした日本人の特徴的な行動特性、とくにそれがメディアと一体化し場合にもたらす堅固な社会状況の形成機能とその「成果」についての例を挙げてみたい。これは国際的にもよく知られた事例である。当時の事件ノートをもとに振り返ってみたい。

自己責任へのバッシング

自民党小泉純一郎内閣時代に遡るが、ボランティア活動家の高遠菜穂子さんら日本人三人が二〇〇四年にイラクで武装勢力に誘拐・拘束された。その際、救出をめぐって国民もメディアも一体となって「自己責任」だと醜いバッシングを浴びせた。とくにそれを先導したのは政府の有形無形の意思を忖度したメディアであった。そこには、この流れへの反対を許さない壁のようなものが形成されていった。まさに強固な社会状況である。見るに見かねたのか、当時の米パウエル国務長官までが「このような人がいることを日本の人は誇るべきだ」と言った。それにはっとしたのか、そういう社会状況にはまりこんで沈黙を決め込んでいた多くの日本人（結果的同調者）は一見反省したかのように見えた。

しかし本質は何も変わらなかった。また同じようなことが繰り返されている。これは二〇一五年にＩＳ（イスラム国）に拘束されたジャーナリストの後藤健二氏ら日本人三人の救出をめぐって生じた。ＩＳは期限付きで日本が自分らの要求を呑まなければ人質を殺害すると伝えてきた。その「殺害予告」の期限が刻々と迫る中、自民党安倍晋三首相の「テロには屈しない」というスローガンのもとで政府は効果が期待できる実質的な手を何も打たなかった。政府の意図を忖度してか、マスメディアも国民の中にも「本人の責任だからやむを得ない」といった無言の風潮（状況）が次第に形成されていった。少なくとも政府に積極的に救出を迫るものは誰もいない。不気味な沈黙が支配する中で二人は殺害された。人命よりもテロ集団の要求を拒絶するという「国益」の方が大事だ、という政府のメッセージにメディアも国民も沈黙によって応えたのである。沈黙という行動自体が強い社会状況そのもの、あるいはその因子だと言ってよい。

すでに規定したように、権力の発するメッセージの受け止め方（意味づけ）は人によりそれぞれ異なっても、その微妙な偏差が逆に共鳴し合うことで一層強い状況（岩盤）を構成する。

ちなみに、一九七七年に発生したダッカ日航ハイジャック事件で、当時の自民党福田赳夫首相は「人命は地球よりも重い」と言って犯人の要求を入れ、人質全員を救出したのと対照的である。これは例外と言ってよい。

これらには、いったんはまり込んだらそこからなかなか抜け出せない社会状況とそれを支える、というよりその構成要素でもある日本人の心性と行動特性がよく現われている。しかも両事件に共通に言えることは、その結果についての責任を誰も取らないことである。というより、誰にも責任が及ばない仕組みになっている。そして肝心なことは、すでに明らかなように、この背後にはメディア対策をも含めての現政権の意向を汲んださまざまな関係・集団・組織（メディアという組織を含めてもよい）の無言のメッセージが周到に張り巡らされていることである。そこにこそ問題の本質が潜んでいる。メディアもそこから離脱することはできなかった。

なお、このような社会状況の基となった「自己責任」という言葉が当時はやり出した契機について藤原章生は次のように述べている。「二〇〇四年にイラクで三人が拘束された際、小池百合子環境相（当時）が『危ないと言われているところにいくのは、自分自身の責任の部分が多い』と言い切ったのをはじめ、閣僚らが『自己責任』という言葉を流布させた。この造語を報道機関は批判せずに垂れ流す過ちを犯した」（『毎日新聞』二〇一七年五月二日）。その後、この言葉が多用されるようになった。

個と集団の奇妙な関係

権力と権威に弱く（信念を貫くことが不得手で）、いち早く空気（状況）を読んで体制の赴くままに迎合・追随し、人並みからはずれる者――少数の異端者や異質者――を非難や軽蔑の眼差しでさえ見つめようとする日本人の行動様式は至るところに見出される。人に合わせることは一見お人好しに見えるが、そこには計算された打算と保身が潜んでいることが多い。しかもそうした深層の〝秘密〟を隠しつつ、これらがその場の雰囲気や社会状況となって粘体のように人びとをからめとり、いったん足を取られたら最後、よほどの慧眼と勇気がない限りそこから抜け出すことは難しい。これは都会と地方を問わず、何かと言えば同じような人間が以心伝心群れ集う日本社会の宿命でもあろう。

もちろんこうした行動特性は基本的には、その心性をも含めて日本人の集団的特質からくるものであり、原理的には集団と個との関係性に還元される。それを示す奇妙な（日本人からすれば奇妙ではないのかも知れないが）例を挙げておこう。

日本人は割合に人が好く、礼節を重んじ、良心にもさして遜色はないとよく言われる。しかしひとたび集団となると、あるいは背後に集団（また組織）を意識すると、とたんに別人のようになってしまう。しかもそこに社会状況が介在するので過剰なほど集団の意向に敏感に反応する。その場合、必ずしも心まで変わってしまうというのではなく、状況に反発する心があってもそれが行動（実践）に結びつかず、両者が分離してしまう。そしてここが肝心だが、それが自他共にごく自然で当然と思っているようにさえ見受けられる。外国人がよく日本人は内と外が違うと言う。そこにはやや非難の意味が込められているが、妙なことに日本人にとってはそれはごく自然の日常的な行為で、とくに悪気があってそうしているとは思っていないことである。同じ人間が〝権威〟ある組織の中ではとても手の届かない権威者に見え（本人もそう振る舞い）、組織を離れると見向きもされない唯の人になってしまう（本人もとたんに萎縮してしまう）のも、そのアルファでありオメガである。まさに内と外が二重に転倒している。それが外国人との付き合いにおいて厄介なところであり、真意を説明するのは容易でない。

すでに述べてきた個人と集団との奇妙な関係は、それにふさわしい社会状況と相まってこれほど自然でなじみ深い形で人びとを馴致していくのである。しかし、だからこそその中には一様には手に負えない問題が隠されていると言えよう。

忖度の構造

日本は忖度社会だとよく言われる。これも実は集団と個との奇妙な関係と無縁ではない。ここで忖度とは（本書の対象で言えば）政治権力者の直接の命令によらず、彼らの態度や素振りからその真意を周囲（多くは下位者であり、官僚はその中心的位置を占める）が自主的に判断して、権力者の意向通りに行動することである。したがって結果は権力者の命令と同じなのに、問題が起こった場合には権力者はその責任を問われない。

しかもこの忖度は単独でしてもあまり効果はない。それぞれの職務に応じて多くのメンバーが忖度の連鎖反応を起こし、それがまた一種の状況圧力となって誰もがそういう忖度行動に走っていくところに真価は発揮される。自分だけではないという安心感が一層それに拍車をかける。個人としては内心忸怩たるものがあっても、忖度の連鎖反応の中でそうしなければならないような状況さえつくられていく。それは権力からの無言の圧力（状況の圧力）と重なることで一層強化される。

忖度も個と集団の奇妙な関係から発生するものであり、その背景には日本的な組織や集団の特性が強く働いている。それはまた後に詳しく取り上げるように、日本的な集団原理に裏打ちされることで一層その実効性は発揮されると言ってよい。

利権に絡む重大な社会的問題が発生した場合、そこに官僚たちの忖度があったとすれば、そのように仕向けた政治家は責任を取らず（というより、取ろうとせず）官僚だけがその責めを負うことになりやすい。しかし、本当はそれによって公平であるべき行政過程を歪めた政治権力側の実態こそが問われねばならないであろう。

(3) 集団と組織への深層社会学的アプローチ

組織と集団へのアプローチ

こう見てくると、実際に問題となる社会状況のほとんどは、その背後にある組織や集団――その幹部（権力中枢）をも含めて――に直接間接つながっており、彼らの意向を当該メンバーや国民に浸透させるための潤滑油のような役割を果たしているとも言える。したがってまた、それはすでに指摘してきたように権力の隠蔽装置、あるいは露骨で冷厳な権力と国民との間の緩衝装置と言うこともできよう。そこでは、ときに国家も含めて組織や集団自体が社会状況と化し、外部からは、あるいは当該メンバーにさえその実態が見えなくなっている。空気のように人びとに感染（浸透）するのもそのためである。

社会状況の創出に少なからぬ影響をもつメディアさえ、新聞社なり放送局という組織のあり方に強く規定されている。しかもそうした新聞社なり放送局も、さらに背後から有形無形の圧力をかける政治的な組織や集団の意向に影響される。その結果、自らそうした社会状況の発生源にかかわりながら、当該組織のメンバーにさえその自覚がなく、それが外部にもたらす弊害を正確には認識できない。ましてや一般の人びとがその正体を見抜くのは大変に困難となろう。

こうして、これらの現実は日本の組織や集団のどんな性格や構造に起因するのか、またそこにはそうした社会状況を生み出しやすいどんな集団的特質が働いているのかを分析してみなければならない。組織や集団が社会状況の震源地だというだけでなく、それ自体が溶けて社会状況と化し、粘体のようにメンバーをからめとりつつ自らの正体を隠すようになってしまうのは何故かということでもある。東京都の豊洲市場盛り土問題でも本来は強固な官僚組織が溶けて状況化し、それがそれぞれのメンバーの中に空気のように染み込んで思わぬ方向に彼らを誘導していった。石原慎太郎元知事は「都庁全体の大きな流れがあり、逆らいようがなかった」とさえ言った。それは一体何に起因するのか。

本書の課題はあえて言えば、社会状況自体の解明というより――もちろん社会状況はキーワードの一つだが――その背後にあって、そうした状況とともに日本の現実を左右するような組織や集団の日本的な性格と構造、そしてそれを貫く原理を実際の政治過程に即して分析してみることである。別の言葉で表現すれば、社会状況を支え生成する組織や集団――さらには、そうした組織や集団自体の状況化をも含めて――の仕組み、それを貫く集団的特質（原理）を日本の現実に即して分析することである。この方が本書での本来の目的である。そのことで社会状況自体の位置づけや機能もよりはっきりするであろう。社会状況はそうした組織や集団の運行過程に産出される必然的な結果だからである。社会全体に広がる社会状況もその同心円的な拡大再生産版に他ならない。

もちろん特定の組織や集団が社会的状況を生み出したり、それにふさわしい社会状況を呼び込んだりすることは分かっても、両者の因果関係を論理的に明らかにすることは難しいであろう。それはまさに空気を含む状況のアモルフな特性によっている。

集団と個の関係（原理）をも含めて、これまで「集団的特質」としてきたものを以下では総括的に「集団原理」と表現する場合がある。そして日本の組織や集団の性格や構造を規定するこのような集団原理の本質は、後に詳しく分析するように共同態の構造と論理からくると言ってよい。そこには日本人の生き方にもかかわる心性や行動様式も含まれる。これはすでに述べてきたことをも含めて、まさに格好の社会学的テーマだと言えよう。

この課題は本書全体を貫く通奏低音のようなものであるが（もちろん単なる手段ではなく、それ自体一つの重要な目的である）、以下ではさらにその先に最終的に何が目指されているのか、このことに関していくつかの点とそのためのアプローチについて簡単に触れておきたい。

最終目標に向けて

本書が最終的に目指すところを端的に言えば次のようになろう。このような課題の解明を通して、戦後民主主義がいまや瀕死の状態にまで陥っているのは何故か、またこれと緊密に絡む日本の独立（主体性）が虚構化あるいは擬態化しているのは何故かについて、私なりに模索してみることである。大きな問題であり、さまざまな立場からの解答が可能であろう。とくに、これらについては政治学や法学からも多くのアプローチがある。「日米同盟」（米国依存）が元凶だと頭から言ってしまうのは簡単だが、ここではそういう次元の問題ではない。本書ではこの問題をすでに取り上げてきたような、あるいは示唆してきたような社会学の視点と方法から、状況を生きる人間と社会の深層（その核には日本的組織・集団がある）にまで遡って、ときに犯罪理論の枠組をも援用しつつ分析してみることである。場は戦後史の空間である。

ここでは詳しくは触れないが、組織や集団の日本的特色や構造の中には日本独特の責任のとらえ方（概念）の問題も含まれる。戦後社会を深層から規定した日本的組織や集団のあり方が、それにふさわしい社会状況に包まれつつ、責任を曖昧にしたままの「戦後処理」においても遺憾なく発揮された。それがまた逆に戦後民主主義のあり方に跳ね返り、その行方に暗い影を落とすことになった。両問題はつながっている。これらについても社会学の視点から改めて検討してみるのが本書の目的であり、また究極の課題でもある。

念のために付け加えると、民主主義は万能でも至高でもない。むしろ最近における民主主義の衰退はその内部矛盾から、すなわち民主主義がその内側からも自ら（民主主義）を侵蝕するような事態が生まれていると言ってよい。多数に頼んで少数を無視し（あるいは無視同然で）、強行採決に踏み切る与党の常習行為もその最たるものであろう。民主主義の方法としての多数決主義が独裁的な権力政治に利用されている。しかしそれは民主主義の使い方の問題であり（多くは悪用されている）、今日において民主主義に代わりうるより優れた制度があるわけではない。これを民意の向上とともに精錬していく以外にない。

ちなみに、社会学という言葉はあらゆる方面になじみやすいせいか、最近はさまざまな現象とその処理が詳しい説明（方法論）もなく、ただ社会学（ないし社会学者）という名のもとに免罪符を得ているように思われる。その風潮はとくにメディアを中心に広まっている。枠組も視点もよく分からないので、それが政治学なのか法学なのか、あるいは心理学や教育学なのかも分からない。これでは社会学は何もかもの便利屋になりかねない。それは社会学のフロントやウイングを広げる機会でもあり一概に反対するつもりはない。こうでなければならない、などというリゴリズムに与する気持ちは毛頭ない。しかし本書では、すでに明らかなようにこの言葉はかなり限定された意味で使っている。あえて言えば、それは私自身の一種の流儀である。それがないところに創造もないからである。

さてもう一つ、本書には付随的な課題がある。それはこれまで取り上げてきたような問題を含めて、その時代の、とくに今日の社会問題とその関連事象をあるがままの事実として記録しておくことである。政権が代わったりして状況が少しずれてくると、人はいまを生きるのが精一杯で直近の過去さえ忘れ去ってしまうことが多い。しかし同じようなことは繰り返されるのが歴史の常であり、その際に記録は一つの道標として役立つであろう。

ということは、時代が変わってもその本質は簡単には変わらぬものだからである。またここでは見た目には変わっても、それを貫く本質はそう簡単には変わらないと思われる現象のみを取り上げた。そのためには一見なに気ない日常的事実であっても、それがときに覗かせる時代の分水嶺というか、社会科学的な必然性のようなものを如何に鋭敏に感知し認識するかが大変に大切である。平凡に見えても、未来を占う試金石となるような事実こそがここでの関心事となる。本書での議論はごく一部の仮説を除き、すべてこれまで進行してきたそのような意味での事実、あるいは目下進行しつつあるそうした事実（信頼できる文献上のものも含め）に基づいて展開されている。

(4)「中立性」の正体は何か——事実判断のための価値判断

分析の立脚地

最後に、政治問題が多くかかわるこうした課題に取り組む際の私の立脚地（立場）について触れておきたい。いちいち断るまでもなく、本書は党派的立場からの展開とは無関係であることはすでに明らかであるが、内容が誤解を招きやすいナマの政治現象とかかわっているので、やはり研究者としての視点からもう少し詳しく説明しておく必要があろう。

時代が転換期にさしかかり、党派的な対立が激しくなったりすると、しばしば「中立性」が強調される。あたかもそれが客観的で公正であることの代名詞であるかのように。しかし、それは実際には「中間」の装飾態に過ぎず、何が中間かは当然ながら座標の取り方次第である。しかも中立性を強調するのは、ほとんど例外なく時の権力側であることからすれば、権力の立場がすなわち中間＝中立性だというに等しい。もう少し噛み砕いて言えば、中間という座標の自己決定自体が自らを右でも左でもない公平だとする権力の恣意に委ねられることからして、中立性の中味が即客観的な公正性を保証しないことは自明であろう。そこでは人権の保障にかかわる政治的公正と党派間の中立性が混同されていると言ってよい。

しかしそのからくりを覆い隠すような社会状況が生まれると、そうした中立性があたかも公正で、それに従わねばならないかのような圧力が働く。中立性という言葉に酔ってその内実を見失ってはならない。もちろん本書での分析も、そういう意味での中立性とは一切関係ない。

だからといって、これまた当然ながら何らの座標もない個人の主観的判断、あるいは好みの政治的立場に立てばいいということでは決してない。この点はM・ウェーバーにまつまでもなく、科学研究（研究者）はすべからく事実判断に徹するべきであり、個人の好みや政治的な価値判断は厳しく戒められねばならない。とはいっても、全く基準のない手ぶらの没価値ではそうした事実判断そのものさえ適正に行うことはできないし、またその保証も得られないであろう。それどころか、それは逆に無自覚の党派的偏向に流されやすい。この点では後にも見るように、ウェーバーさえ一定の範囲での価値判断を認めている。

事実を正確・公正に、まさに科学的（社会科学的）に判断していくためにはその目的およびそれを実現するための手段との関係で一定の判断基準がなければならない。目的とは個人の恣意的な好みの問題ではなく、抽象的に言えば真理という価値を目指すということになろう。社会科学の場合についてやや具体的に言えば、目的とは人間性の解放と伸長であり、それを抑圧し呪縛するものへの批判であり抵抗ということになる。

しかしいくら人間性の解放や伸長を図る（逆にその抑圧や呪縛を断罪する）と言っても、ナマの価値観が激しくぶつかり合う現実の中で、そういう主張を不用意に繰り返すことは混沌の火にさらに油を注ぐことになってしまう。そこで重要となるのはその歴史的裏付けである。対象となる課題（多くはときの社会問題）は何もないところに突如現れるわけではない。必ず過去につながっており、深刻な問題であればあるほど歴史の深いところに根があるのを知ることである。

問題の現在と過去が人間性の解放と伸長、抑圧と呪縛の視点から見てどうつながっているのか、歴史の流れから見て現在の問題がそこにどう映るのかが客観的に問われねばならない。その場合、過去がそのまま現在に顔を出すわけではないので、そこではこのつながりに向けて抽象化と具体化の往復運動が無数に繰り返されることになる。そこに自ずからある必然的なつながりが見えてくる。そういう歴史的文脈の上に立っての――すなわち歴史的に裏付けられた――具体的な目的（人間性の解放と伸長、逆にその抑圧と呪縛）の選択こそ社会科学的な判断基準の設定に値しよう。またそうした意味での歴史的必然性に支えられてこそ、現代の課題（社会問題）をその基準に照らして客観的かつ公正に事実判断していくことができる。そこにまた、自ずからその目的実現のためにはどうすべきかという手段の合理性も見えてくる。

この手段の選択も含めて、そこにはやはり一種の価値判断があると言ってよい。しかしそういう価値判断は決して事実判断と矛盾しないのみか、事実判断を公正かつ正確にするための不可欠の条件でさえある。そうして得られる基準こそ本来の中立性を保証するものである。

価値判断のみだらな介入を厳しく戒めたウェーバーも科学の遂行のために、すなわち私の表現では事実判断を公正・正確に行うために「意欲する」人間がその決断を行うに当たっては「意欲された事柄そのものの意義」や「意欲の内容の底にある究極の公理」を追究することは当然に許されるとしている（M・ウェーバー「社会科学および社会政策の認識の『客観性』」『世界の大思想』〈二三〉五四―五六頁）。これもまた究極的には価値判断に属すると言えよう。「意欲」の意義や究極の「公理」とは、先の表現で言えば歴史的に裏付けられた人間性の解放や伸長（逆にその抑圧と呪縛）に相当しよう。

ここでは、以上に述べてきたような「立場」から「事実判断」としての問題分析が行われる。それはすぐに役立つか否かではなく、人間性の根源にまで遡っての、しかも歴史的視点をもふまえた長期的かつ多面的な視点からの分析である。その結果がたまたま現にある党派の主張と重なったり、逆に背反するということはあるかも知れない。しかしそれは私自身の意図したことではない。

これまでの研究との関係――集団論と犯罪論

ここで本節を終わるに当たって断っておかねばならないのは、これまで述べてきた日本的な組織や集団の特質、またそれを貫く集団原理自体についての追究はこれが初めてではないことである。この分野は犯罪研究とともに古くからの私のもう一つの研究分野であった。とくに本書では、これまでいろいろな著作を通して明らかにしてきた集団原理、あるいはその別形態としての仮説を含む理論や論理を社会状況をも視野に入れつつ改めて再考し、すでに規定してきた本書での課題に向けて再編成したものと言うこともできる（第1章2節、第3章で詳しく展開）。

社会状況をとくに問題としたわけではないが、これらの一部は近著の中で取り上げ、政権政党時代の民主党（民進党を経て分裂）の消長分析にも適用された（『犯罪と日本社会の病理――破壊と生の深層社会学』第4章）。本書は見方によっては、それを引き継ぎ、そこで得られた仮説理論や論理をも援用しつつ現在進行形の自民党政治、というより現代日本の政治（社会）状況を分析してみるのが差し当たっての目的だと言ってもよい。さらには、このような集団原理がどのような意味で今日でも有効であるかについて、現代日本の政治状況の分析を通して検証してみたいというのが隠された目的だったとも言えよう。その意味では自民党政治（組織）は一種の素材であり、それ自体にとくに強い関心があるわけではない。これらの遂行に際しては、もう一つの研究テーマであった犯罪理論も多く援用される。

2　権力と一体化するメディア――本書へのガイドライン

(1)　強権政治を支えるもの――状況の圧力と異端の排除

異常な権力の源泉

本論に入るに先立って、まずは問題の入り口ともなる自民党政権（正確には自公政権だが、以下ではこのように略称する）とその組織の現状およびこれのメディアへの対応について素描しておきたい。第二次自民党安倍政権の成立（二〇一二年）以降すでに六年になるが、この間の自民党政治は歯止めを失った暴走車のようで、民主主義国家とはいえ国民の多くはなすすべもなく一見諦めムードさえ漂っている。

その経緯を振り返ると、特定秘密保護法の強行可決から始まって、集団的自衛権行使容認の閣議決定、武器輸出三原則の見直し、憲法違反とも言われる安全保障関連法の強行可決など権力むき出しである。最近では大方の国民の意向を無視してカジノ解禁法や年金抑制（減額）法などを強引に成立させた。さらに、これも本質は治安維持法（「共謀罪」）に重なると言われる「組織的犯罪処罰法」改正案を「テロ準備罪」（略称）と呼んで、あたかもテロ対策が目的であるかの装いで国会に提出し、衆参院とも強行可決した。

他方では、まだ福島原発禍は現在進行形なのに国民の不安をよそに川内原発（鹿児島）を再稼働させ、他の原発も次第に再稼働体制に入っている。ＴＰＰも「攻めの農業」とばかり農家の危機感をよそに他人事のように突き進んできたが、これは図らずも米トランプ大統領の反対で挫折した。これに沖縄の辺野古強行移設を加えれば、現代のすべての重要課題がどれも国民抜きで進められている感じである。まさに強権政治と言われるゆえんであろう。

その手法は権力による外側からの圧力だけでなく、本来は政治権力から距離を置くべき日銀総裁、内閣法制局長官、ＮＨＫ経営委員などにまで自民党色の強い人物を送り込み、内側からも圧力をかけるという綿密ぶりである。また、驚くべきことに国会で質問に立つ自民党議員に安倍首相自身が個人的に電話し、政権に不利な質問内容を規制しているという（『朝日新聞』二〇一七年四月一八日）。

戦後日本の政治はそのほとんどを自民党が担ってきたが、これほど赤裸々かつ凶暴きわまる強権政治はこれまで見たことがない。そうした「権力」は一体どこから出てくるのであろうか。リーダーの安倍晋三首相の性格からくるのか、あるいはその下に「お友達」のように蝟集する政権幹部の集団ヒステリーによるのか、また衆参院とも単独過半数に達する支持を受けた議員の驕慢が背景にあるからか。さらには小選挙区制や首相・官邸の機能強化（人事権、公認権、情報、資金）のせいか。しかもこれらの政策を推し進めても内閣支持率はどの報道機関でも五〇パーセント前後を維持し続けていることである。

ちなみに『朝日新聞』の世論調査（二〇一五年一〇月二〇日）では、支持率は安全保障関連法をはさんで三〇パーセント台から四一パーセントへの上昇にさえ転じている。あるいはこうした支持率が権力行使の潜在的なエネルギーになっているのだろうか。もちろんメディアの問題や民度の問題もさることながら、もう一つは現政権に代わるべき受け皿政党がないことであろう。それは世論調査で国民が必ずしも安倍政権の政策を支持せず「他の政党よりよさそうだ」という回答が多いことからもうかがえる（ということは、信頼される野党が現れれば、現政権も一気に崩壊する可能性を秘めている）。

いずれの要因も無関係とは言い切れないであろう。しかしここで問題なのはその結果としての単なる権力行使というだけでなく、さらにこの上に立っての常軌を逸した異常な強権政治はどこから生まれるのかということである。そこには右に挙げたようなごく当り前の要因だけでなく、それを超えるもっと別の要因が働いているのではなかろうか。これは本書の重要な課題の一角をなしており、後にも詳しく取り上げるが、ここではそのごくさわりの部分について考えてみたい。

まず党組織の実力（基礎体力）を測るバロメータとも言われる党員数であるが、一九九一年にピークの五四七万人を数えたのを最後に、二〇〇八年には五分の一の一〇六万人、そして二〇一二年には七三万人にまで落ち込んでしまった。二〇一六年になってようやく一〇〇万人を回復する程度である（『読売新聞』二〇一六年三月一四日参照）。いろいろな理由が考えられるが、日頃の経験からすると、かつての自民党の選挙地盤であった地域の部落会や町内会、商工会や農協を含む各種の業界団体などが次第に衰退したり、メンバーの異質化が進んだりして、必ずしも自民党議員と直結しなくなったことが大きな要因と思われる。

こういう中にあって、無名の新人が選挙に勝つのは至難の業である。唯一頼れるのはいち早く党の公認を得て幹部のお墨つきをもらうことである。そのためには日頃から党の掟を忠実に守り、序列を重んじ、上役に従順になることだ。枠に制限があり、序列を乱すわけにはいかない以上、ほとんどの議員がそれぞれの次元でヒラメ化し、そこに必然的に幹部への忠誠（同調）競争が展開されることになる。重要なことは、そうした忠誠への同調自体を競う「同調競争」を支えるとともに作り出すものこそ、これまで取り上げてきたような日本の集団的特質や原理であり、それを増幅するような状況の圧力だということである。

そこに生まれる派閥を超えるような首相と官邸を頂点とする序列関係は、一糸乱れぬ軍隊組織さながらである。それは組織として言えば、後に取り上げるような一体型（一体型共同態）であり、メンバーの方から見れば埋没型（埋没型共同態）と言うことができる。先に自民党の異常な権力行使を支える要因をいくつか挙げたが、もちろんそれぞれに理由があるにせよ、さらにその根底にはこうした日本の集団的特質や原理が働いていることである。自民党組織にとっては、皮肉にも環境条件の不利が逆にその同質的一体性を維持強化することになった（その後、二〇一七年七月に至って内閣支持率は一時三〇パーセント前後に急落したが、これは以上の論理とは別の、同年に問題化した「森友学園・加計学園疑惑」のためである）。

おとりの経済

自民党政治の現状をたとえて言えば、歴史の推移（必然性）からくる党員の減少など基礎体力の弱体化が、後にも詳しく展開する集団原理の介在によって逆に組織の強権化を生み出すという皮肉な現象が生じている。しかし、そこにはやはり痩せ我慢の懸念をぬぐい去ることのできないものがある。それは一種の病的現象だからである。国民もまたその病理旋風に巻き込まれ、先に挙げた多くの法案があっという間に強行可決されてしまった。こういう中で、自民党は表面上は強権を誇っているように見えても深層では必ず不安を抱えているはずである。

やはり組織の健全な進展のためには基礎体力の回復が不可欠だが、それが簡単には望めないとすれば、せいぜいいまの体力を維持するためにも、国民に訴えて内閣支持率を上げる以外にない。いまのところ野党のふがいなさなどに支えられて高支持率を維持しているが、いつ反転するか分からない。とくに政権幹部にとっては支持率の維持向上は至上命令と言ってよい。そのためには恥も外聞もかなぐり捨ててあらゆる方法を駆使しようとする。国民に関心の高い〝経済問題〟をおとりにしたり、続いて見るように国民にもっとも影響力のあるメディアへの露骨な介入が図られる。

政権党だった民主党の経済政策への批判をうまく利用して衆院総選挙に勝ち、第二次安倍内閣を成立させるや、続く参院選（二〇一三年）の勝利を目指して本命の憲法問題などは伏せたまま国民を引きつける「アベノミクス」（三本の矢）による経済成長を表明。これに大勝して国会でのねじれを解消し、冒頭にも挙げた憲法違反とも称される集団的自衛権行使容認を含む安保法制など困難な問題を次つぎに成立させた。その大半が片づいたと見るや内閣を組閣し直し、またまた国民の怒りや不満をかわすかのように新アベノミクスを掲げて経済優先策を強調した。その裏には安倍首相にとっての悲願である「憲法改正」が潜んでいる。

ちなみに、アベノミクスは後にも詳しく取り上げるようにいまやその失敗が明らかである。しかしその原因追跡も怠ったまま新アベノミクスで次の参院選（二〇一六年）を突っ走り、自民党は議席の過半数を確保した。なぜ人びとはまやかしのアベノミクスにこれほど弱いのであろうか。そこには権力の仕組む社会状況に巻き込まれたメディアの対応と役割、その影響が大きくかかわっていると言わねばならない。その根底には政権（政策）の矛盾や欠陥を覆い隠す方向にメディアを誘導する自民党の綿密な情報統制があるのは言うまでもない。これまでの経緯からして、アベノミクスの失敗を知りながらあたかも成功の「道半ば」だと強弁するのは、国民の関心をずっと〝経済〟に引きつけておく裏に別の本命が隠されているからであろう。

(2)　メディアへの介入と自主規制

露骨な権力介入

経済を利用した糊塗策には限界がある。ときの経過とともにその正体はいずれ露呈するからである。そういう状況の中で、あるいはそれを隠してまで政権（強権的な）を維持するためには、矛盾しているようだが結局は国民の支持――内閣支持率の上昇――は絶対的に必要な条件となる。その格好の手段こそまさにメディアと教育、とりわけ即成効果の望めるメディアである。実態をよそに、メディアが政権とそれがもたらす政策効果をどううまく報道してくれるかが国民の同調意識を形成する上で大変に重要となる。それが直接政権党の支持と結びつくからである。自民党がこのところメディアに対して異常なまでに神経をとがらせて介入する意味がよく分かる。他の問題は本論に回し、以下ではメディア問題にしぼって、ごくさわりの部分のみ取り上げていきたい。それはメディアとも緊密な教育など他の分野の問題をもカバーしうるような象徴的意味さえもっている。

自民党政権のメディア、とくにその報道機関に対する介入は異常と言っていいが、ここでは一つだけ象徴的なケースについて触れておきたい。これはまだ多くの人の記憶に新しいであろう。安倍首相に近い若手議員による勉強会「文化芸術懇話会」で講師に招かれた前ＮＨＫ経営委員の百田尚樹が政権に批判的な『沖縄タイムス』『琉球新報』の「二つの新聞は潰さないといけない」

と言ったり、同席の議員はそれに反対しないどころか（黙認は同罪である）、「マスコミを懲らしめるには広告収入がなくなるのが一番。経団連などに働きかけてほしい」「悪影響を与えている番組を発表し、そのスポンサーを列挙すればいい」などと発言したという（『朝日新聞』二〇一五年六月二七日など）。「悪影響」とは自民党批判ということである。唖然とする他はない。これでは憲法違反どころか議員としての資格など全くないと言わねばならない。

しかし一層問題なのは、こういう権力側からの報道機関に対する直接的な圧力もさることながら、これに呼応する報道機関自体の「自主規制」である。自主規制といっても幅が広く、戦時中のように自ら進んで政府の宣伝部隊と化するものから、報道すべき事実を故意に無視したり、萎縮や自粛、また忖度して内容を薄め、または逆の意味にも取れるように比重や配列を変えて報道するまで多岐にわたっている。上からの露骨な権力介入は表に出やすく、したがって歯止めがかかりやすい。しかし自主規制による情報コントロールは権力への同調か国民のためか、その境界が曖昧なだけにこれといった自覚もなく空気のように人びとの中に浸透して社会状況となってしまい、気づいたときにはすでに手遅れとなることが多い。その点では、むしろこの方が一層たちが悪いと言わねばならない。

具体的な事例はすべて本論第2章に譲らざるを得ないが、例えばテレビの場合に、せっかくのニュース番組だからと視ていると、政府寄りのものは不必要なほど詳しく報道しているが、その逆のものはほんの義理で項目だけ出して切ってまう。あるいは出しても最後は政権報道で締めくくる。他に重要ニュースがあるのかと思うと、緊急性の全くない番組が延々と続くのである。これはＮＨＫにとくに多いように思われる。しかし問題意識をもって視ない限り、そのからくりを見抜くのは相当に難しい。

報道機関の権力同化メカニズム

活字媒体をも含めて情報、とくに報道は人びとの信頼の上に成り立っている。信頼の失われた報道は単なるデマか党派的宣伝、あるいは政府の国策報道となってしまう。多くの報道機関が多かれ少なかれこのような方向に舵を切り始めているのは、決してその機関の最高責任者（長）が権力に服従し、その意向を受けて部下（スタッフ）がやむなくそれに従っているといった単純なものではないであろう。部下は部下なりに現下の社会状況を敏感に察して、自らそうした体制に同化・同調しているというのが真相と言ってよい。

顕在的な、また潜在的な政府の圧力を受けて自主規制に走らざるを得ない各報道機関の視野にまず入ってくるのは、それぞれ他の報道機関はこれにどう対処しているのかという〝隣人〟の振る舞いであり、そうしたムラ社会の外に突き抜けて自らの信念を敢然と貫くなどということはまずない。それは権力による統制というより、そこに生まれる状況の圧力に巻き込まれての内向き世界の中での「同調競争」の結果である。

しかも皮肉なことに、その競争には権力の虎の威を借りてまで自らの存在感を高めようとしたり、それにともなう有形無形の見返りを求めるといった隠微な損得勘定さえ忍び込んでいる場合も少なくない。自分のところだけが〝脱落〟し、異端化されることには耐えられない。その心は保身と打算である。権力の煙幕としての社会状況を自らつくり出しつつその状況に自分から巻き込まれていったのでは、メディア自体がそうした行為の本質（国民への影響）を見失ってしまう。まさに自殺行為という他はない。

もちろん、こうした傾向は機関（組織）の上位（幹部）にいくほど強くなるが、先に示唆したように部下（一般メンバー）もただ上司に従っているだけではなく、部下同士の潜在的な昇進欲望をめぐる同調競争にさらされ、結局は上位者の輪の中に連結され同化していかざるを得ない。内心抵抗を感じるメンバーもいると思われるが行動しない限り結果は同じだ。そして、一番問題なのは誰もがそういう輪の中で自分の職務を淡々とこなしているだけで権力に屈したなどとはつゆほども思っていないことであろう。したがって弊害が現れても誰も責任の取りようがない。それは結果として国民が引き受けるだけとなる。

自民党安倍内閣の異常な強権体質も、先に指摘したように自民党組織の内側の問題と同時にメディア（その組織も含め）を貫くこのような特徴に支えられており、そこには図らずも日本社会の集団的特質と原理の一端が示されていると言えよう。これは日本社会の縮図でさえある。

(3) ジャーナリズムを放棄したメディア――M・ウェーバーの警句から

かつて一九三〇年代、戦時体制に向けて国民を妄動したメディアの大罪、その重荷を背負って戦後再出発したはずのメディアが、ここへ来て再びいつか来た道に戻ろうとしている。その流れは特段の自覚症状もなく極めて自然に進行していくものである。同時に、それを批判すべき材料をもたない大部分の国民にとっては、歪められた情報がその自覚もなく身体内部にそのまま浸透していく。そしてあげくは、国民を巻き込んだそれにふさわしい時代の社会的潮流（社会状況）が形成される。それがいったん形成されると、権力をガードする堅固な要塞のようになり、国民はもちろんメディア自身さえこれになかなか逆らえなくなってしまう。自らがつくり出した社会状況への自己呪縛と言ってよい。もちろんそれにはメディアの側だけでなく、国民の側にもそれに巻き込まれやすい集団的特質が貫いている。

第一次世界大戦に敗れた直後のドイツで、M・ウェーバーがジャーナリズムのあるべき姿について訴えた文章があるので一部引用してみたい。時代も国情も異なるが、状況は今日の日本と通底するところがあり、ウェーバーの訴えはそのまま日本のメディアを告発しているかのようである。これはウェーバーがミュンヘン大学で自省を込めて行った講演の一部である。

「ジャーナリストの仕事は、どの学者の仕事とも少なくとも同量の『精神』（Geist）を必要とする。……あらゆる真面目なジャーナリストの責任感情も、平均して、学者のそれよりも、最小限にみつもってもより低くはない。……［ところが］大戦が教えたように、［その実践は］ほとんど、認められておりません。……まさに無責任なジャーナリストの仕事が、しばしば恐るべき結果をもたらす……絶対的な凡庸化……自己暴露の無品位……人間的に脱線してしまったり、または無価値となったジャーナリストが沢山いる……にもかかわらず、まさにこの階層［ジャーナリストという職業］が、第三者の容易に想像できないほど数多くの価値があり、かつ全く純粋な人間を包含していること［も］真に驚くべきことであります。」（［　］内は筆者、M・ウェーバー『職業としての政治』四四―四八頁）。

この講演には、平凡な表現ながらジャーナリストの使命と義務、堕落した現状、にもかかわらずその職業的矜持のすべてが語られている。ジャーナリストの堕落を厳しく批判しつつも、最後にその人間性にかける温かい眼差しは救いである。

一〇〇年近くも前になるが、これは現下の日本をも鋭く照射する。それは国や時代を超えた普遍的な問題であり、過去の戦時体制突入時の日本がそうであったように、時代の大きな転換期（曲がり角）には必ず生じるものであろう。この点でも日本はいま同じ状況下にあるのかも知れない。現今のマスメディアに携わるものはもはや「ジャーナリスト」ではないと言ってしまえばそれまでであるが――「学者」を超えるどころか、タレントまがいで権威ばかりひけらかす自称ジャーナリストがほとんどだ――その中にも一人や二人必ずいるであろう「純粋人間」としてのジャーナリストに期待する他はない。これらは権力による上からの圧力というより、それを受けて立つ報道機関自身の自己規制問題にどう取り組むべきかという点でも大変重要である。

これらをふまえて再び現状に立ち返ってみると、政治指導者とそれを支える組織、そしてマスメディアが一体化し、そこに共通の集団原理が働いた場合には少々の国民の抵抗などものともせず、その意図通りに事態は進行し、社会的状況は一夜のうちに反転するということである。かつての戦時体制と同じ轍にすでに一歩踏み込んだのかも知れない。それはわれわれが民主主義と信じていたものが、あっという間に崩壊することをも示唆している。

第1章　日本政治の組織特性

〈はじめに〉

このところ人びとの間に、異議申し立てや異論を許さないような重苦しい状況が次第に広がってきている。それは一九三〇年代戦時体制下の社会的状況に近づいているのではないかとさえ思わせる。もちろん、これには自民党政権の政治手法が強く影響しているのであろう。作家の島田雅彦は最近の安倍政権の手法を批判しつつ、こうした「批判」さえ「近ごろは、『日本には言論の自由もあるし、報道の自由もある』とは胸を張って言いにくくなってき」たとし、さらに「アメリカ発の『反知性主義』が蔓延し、ネトウヨが幅をきかせ、政治も言論抑圧に向かい、メディアも萎縮して」いる状況に一抹の憂いを表明している（『朝日新聞』二〇一五年六月一〇日）。これはとくに言論を生業としている人にとっては深刻な問題であろう。

もちろん、こうした状況には政治権力による上からの統制だけでなく、それを自発的、半自発的に受け入れ、さらにその流れを増幅するような下からの同調的圧力が強くかかわっている。まず上からの統制から取り上げていきたい。今日で言えば、それは安全保障法制をめぐって展開された強権的手法とこれへの各界の対応に象徴的に現れている。

これから分析を進める場合、差し当たっての対象（題材）は自民党政権が推進している（あるいは、しようとしている）政治、またそれに絡むメディアや教育の対応などである。もちろんその具体的内容は序章でも触れたように、後に詳しく展開する社会学的な集団原理から見た対象選択に依存する。したがって、それらには一見ありきたりのケースも含まれるが、社会学的にはそれなりの意味をもっている。さらに言えば、具体的な一コマ一コマの政治現象は時代や政局の変化とともに変わっていくが、現体制を前提とする限りそれを貫く政治手法は半恒常的に引き継がれていくものであり、またそのような〝普遍性〟を宿する政治現象とその記録こそが本書の目指すところである。この点はすでに序章でも指摘した。やや通念化されたものをも含めて、しばらくは煩瑣な「事実」の提示が続くが、それらにはこうした意味が込められているのでやむを得ない。

1　強権的な政治体制

(1)　安全保障関連法とは――国連憲章と憲法からの逸脱

自民党安倍政権は、成立当初は国民の関心の高い経済問題（不況の克服）に力を注ぐかに見えたが、それがアベノミクスで一段落したと見るや本命としての憲法改変に向けて本腰を入れ始めた。肝心のアベノミクス自体も政権側は成功の一里塚とするが、格差の拡大で庶民の苦痛は依然として続いており、実際には失敗したという他はない。憲法改変の直接の目的は、ごく端的に言えば日本の「戦争できる国」への転換だと言えよう。そしてその足がかりの重要なポイントの一つが、続いて詳しく見る「集団的自衛権」の行使容認である。しかし憲法改変という「正道」を介することが簡単ではないと見てか、とりあえずは解釈改憲によってその実現を図ろうとした。

これらはよく知られており、いまさら煩わしい感じもするが多くの重要問題の前提となるので、まずはその事実と経過の確認から始めたい。政治状況は急速に変わっており、この問題も事象としてはたちまち歴史の中に埋もれていくのかも知れない。しかし政権党によるその政治手法は次にくる新しい事象に対しても必ず繰り返されるものであり、それは一種の法則に近いとさえ言える。本書の視点からその事実経過を簡単にまとめておこう。

まず政府は「集団的自衛権」を核心とする「安全保障関連法」の骨格づくりを担う「国家安全保障会議」（日本版NSC）を発足させた。これは首相、官房長官、外相、防衛相の四大臣のみで安全保障の基本方針を決定する閉鎖性の強い機関である。そこでの原案をもとに核心の「集団的自衛権」の行使容認は閣議のみで決定してしまった（二〇一四年七月一日）。後はこれを解釈改憲との関係でどのようにして法制的に裏付けるかである。その法制がすなわち「安全保障関連法」（以下では、すでに使用してきた「安全保障法制」という略称も用いる）と言われるものである。これについても自民党は公明党との「与党協議」で矢継ぎ早に推し進め、一一法案（新法一を含む）を閣議決定した上（二〇一五年五月一四日）、国会での強行採決で成立させた（二〇一五年九月一九日）。またついでに言えば、その実効性を担保するための「特定秘密保護法」はすでに成立済みである（二〇一三年一二月六日）。

この一一法の中には、直接的には集団的自衛権とかかわらぬものも含まれているが、これらの中枢に位置するのは集団的自衛権と緊密な次の四法であろう。すなわち集団自衛権行使に法的裏付けを与えるとされる(イ)改正武力攻撃〈存立危機〉事態法、(ロ)重要影響事態法、(ハ)改正国連平和維持活動〈PKO〉協力法、(ニ)国際平和支援法の四つである。これらの境界は曖昧だが、とくに(イ)の改正武力攻撃事態法は条件付きとはいえ、自衛隊が海外で必ずしも自国に矛先を向けていない国に対しても直接攻撃できるという点で（まさに集団的自衛権行使）、これまでの安全保障政策を歴史的に一八〇度転換する中核的な法である。

まずはこの四法についてごく簡単に説明しておこう（以下略称）。

(イ)「改正武力攻撃事態法」は日本の防衛に関して、日本と密接な他国への攻撃であっても「存立危機事態」という要件を満たす限り、その他国に歯向かう「敵国」への自衛隊による武力行使が可能であるとするもので、いわゆる集団的自衛権の行使そのものである。ここで「存立危機事態」とは次に三つの要件を指す。(a)国民の生命、自由および幸福追求の権利が根底から覆される明白な危険がある。(b)国の存立を全うし、国民を守るために他に適当な手段がない。(c)必要最小限の実力行使である。

(ロ)「重要影響事態法」は日本の平和に重要な影響を及ぼす事態であれば、自衛隊の米軍などへの後方支援をこれまでのような「日本周辺」に限らず、地球規模で行えるとするものである。以上の二法は直接日本（社会）にかかわっている。

(ハ)「改正PKO協力法」は国連主体のPKO以外でも、復興支援や治安維持活動ができるとするものである。

(ニ)「国際平和支援法」は、国連決議に基づいて活動する他国軍を後方支援するものである。

後者の二法は国際社会にかかわっている。

以上、これらの多くに「支援活動」とか「維持活動」といった表現が用いられているが、この中には武器の使用も含まれている。

これらを顧みて、武力行使のできる自衛隊には憲法上「専守防衛」（個別的自衛権）の理念に徹するという厳しい制約がかけられてきたが、これを憲法の解釈改憲で撤廃し、武力行使を含む活動の範囲を日本だけでなく、日本と密接にかかわる他国、さらに国際貢献に至るまで、しかもこれらを日本の周辺から全地球規模にまで拡大するということだ。もちろんそれには、先に示したように一定の要件（条件）が課せられているが、戦争のような緊急急迫した状況の中でその冷静な状況判断は大変に難しいし、また後に見るようにその判断の多くが政府の価値判断に委ねられているところを見ると、いよいよそれは単なる気休めに過ぎないとの感を否めない。結局は時の権力の赴くままとならざるを得ないであろう。

この安全保障法制は、大多数の憲法学者が違憲だと表明し、各種報道機関の世論調査でも当時約八〇パーセントが審議不十分、さらに反対が賛成を上回る状況にもかかわらず衆参院とも与党の強行採決によって可決成立したものである。

(2) 日米同盟と安全保障——砂川判決の転用

集団的自衛権行使の違憲性

強制的に可決された安全保障法制の内容とその疑問点のいくつかについて取り上げた。以下では憲法との関連をふまえ、その不合理性について国会での審議経過に即しつつやや詳しく検討してみたい。

もっとも重要な問題は、「集団的自衛権」行使の発動条件としての「国民の生命、自由および幸福追求の権利が根底から覆される明白な危険」(「存立危機事態」)を誰がどう認識し判断するかである。先に「一定の要件」といったものの中で最も重要な一つである。政府の答弁を聞いても、抽象的な言辞に逃げ込むか、細部を追及されると最後は政府の「総合判断」で煙に巻く以外なかった。

どんな事態が国民の生命、自由、幸福を覆すかなど、いくらでもまた何とでも理由づけができるからである。「最後は国会の承認」が必要だからといっても、まさに本命の「秘密保護法」によって不利な情報が隠されれば承認の根拠を失ってしまう。かつて帝国憲法時代、内閣のまともな決定に対して、これに不都合な軍部が「統帥権干犯」の名において不当な非難攻撃を加えつつ、他方で治安維持法により非難攻撃の真意が秘匿されてしまったのによく似ている。いまはまだ政府と〝軍部〟が一体化していないが、やがて防衛省が力をつけて憲法を尻目に独走するようになれば、戦前戦中と同じになってしまう。すでに「防衛省設置法」の改正（二〇一五年六月一〇日）で「制服組」の格付けを高め、シビリアンコントロールを弱体化してしまったのもその一歩であろう。

ところで、国会審議をテレビで視るともなく視ていると、与党も野党も現実の戦争体験をもつ議員がなく、いわば空想的な戦争ゲームを楽しんでいるかのような、国民にも一向に真相・真実が伝わらない理屈（屁理屈？）の〝投げ合い合戦〟である。そんな中、折しも安全保障関連法案をめぐる衆院憲法審査会が開かれた。そこに参考人として呼ばれた三人の憲法学者（長谷部恭男、小林節、笹田栄司）全員が、揃いも揃ってこの法案そのものを憲法違反と断定した。その主な理由は、今度の法案は「従来の政府見解の論理的枠内では説明できず、法的安定性を損なう」「憲法九条二項は海外での軍事活動については法的資格を与えていないし、従来の政府見解の論理を逸脱する」などである。

ここで「従来の政府見解」とは、一九七二年に集団的自衛権と憲法との関係について政府が示した見解（今日まで踏襲されてきた）で、かいつまんで言えば憲法九条は「わが国に対する外国の武力攻撃」が発生した場合に、わが国の存立を全うするために必要な最小限の自衛措置（個別的自衛権）をとることは禁じていないが、仮に同盟国であっても他国に加えられた武力攻撃に対して武力で反撃するようなこと（集団的自衛権）は許されないとするものである。

ところが政府は、この政府見解を踏襲するようなふりをしつつ、すなわち「わが国の存立を全うするため」「必要最小限」の「集団的自衛権」（個別的自衛権と入れ替えて）行使は許されると結論をひっくり返してしまった。米国のような同盟国への攻撃は「わが国への攻撃」と同じだと拡大解釈し、越えてはならない一線を越えてしまった。両者は紙一重のように見えるが、結果としては正反対の事態が起こりうる。これに対する憲法学者の言うような批判によって自らの〝論理〟を維持できなくなった末に政府がすがったのが、これまでも別次元の問題とされてきた一九五九年の最高裁砂川判決である。

これは東京都砂川町（現立川市）の米軍基地拡張に反対する学生など七人が基地内に立ち入ったとして刑事特別法違反に問われた事件に対する最高裁判決である。最高裁は一審での全員無罪（米軍駐留を認める安保条約自体が憲法九条違反）に対して、安保条約は高度な政治性をもつものであり「明白に違憲無効」とは言えず司法審査になじまないとして、その根拠とともに一審判決を破棄したため、全員の有罪が確定した。判決がこうなった裏には、当時最高裁長官だった田中耕太郎に対して米国からの圧力があったとされている。その際、傍論において憲法九条は自衛隊を否定していないので「わが国がその平和と安全を維持するために他国に安全保障（米軍駐留）を求めることを、何ら禁ずるものではない」とした（「判決要旨」http://ja.m.wikipedia.org/wiki/砂川事件、最終確認二〇一七年一二月二〇日）。

安倍政権は、この個別具体的事件での他国との合同による自衛権の肯定を全く筋と次元の異なる集団的自衛権に拡大・一般化するとともに、さらに加えて安保問題についての憲法判断は司法審査になじまない高度な政治判断だという下り（統治行為論）をふまえ、集団的自衛権を自民党政権のようにとらえること自体は憲法を超えて内閣と国会が政治判断できるというように主張する。憲法より、学者（学問）より行政が上だと言わんばかりである。そこには三権分立さえもない。これは集団的自衛権とは関係のない砂川判決の乱用であり、牽強付会と言われても仕方がない。この法制には憲法学者だけでなく、法の番人たるかつての法制局長官や最高裁長官までが憲法違反と主張している。これなら、多数をもつ政権なら憲法と関係なく何でもやれることになってしまう。こういう国は国際的な信用をなくし、やがては国の衰亡にさえ道を開くことになろう。

集団的自衛権の歴史的出自

ここで問題の焦点である集団的自衛権の本来の出自に遡って、その要点を国連憲章にしたがいつつごく簡単に説明しておこう。日本国憲法の基にもなった西洋憲章を引き継ぐ国連憲章は、自国が攻撃されたときに反撃するという国内法でいう正当防衛に当たる権利はもともと国際法上の普遍的な権利（後にいう個別的自衛権）として認めているが、自国を攻撃する国以外の他国と戦争する権利までは認めていない。ところが、大国の拒否権などが行使されるようになり、国連憲章の理念が実現困難と分かり、やむなく地域連合自衛権（同盟権）とも言える集団的自衛権が後に同じ条文内に挿入された。したがって両者はもともと次元も質も異なっている（cf. http://ja.m.wikipedia.org/wiki/ 集団的自衛権、最終確認二〇一七年一二月二〇日）。

豊下楢彦によれば、原案では大筋として個別的自衛権は「攻撃」、集団的自衛権は「武力攻撃」として区別されていたという。しかも集団的自衛権の導入には国連安保理や米州諸国間での相当な議論があった（豊下楢彦『集団的自衛権とは何か』一八―二五頁）。また個別的自衛権はもちろん、仮に集団的自衛権の行使が必要になった場合でも、それは国連の安全保障理事会が必要な措置を取るまでの間であり、かつ行使の結果は直ちに安全保障理事会に報告することが義務づけられている。

この点は国際連合憲章第五十一条にも詳しく規定されている。結論部分の肝心なところを引用してみたい。「国際連合加盟国に対して武力攻撃が発生した場合には、安全保障理事会が国際の平和及び安全の維持に必要な措置をとるまでの間、個別的又は集団的自衛権の固有の権利を害するものではない」。すなわち両権利を認めるということである。そして「この自衛権の行使に当たって加盟国がとった措置は、直ちに安全保障理事会に報告しなければならない」。条文自体がその経緯を明瞭に物語っている。

ここで懸念されるのは、急場の措置とはいえ、同じ条文の中に成立経緯からして個別的自衛権とは全く異なる集団的自衛権が並列に入っていることである。ここに誤解を招く一つの理由があろう（「自衛権」「集団的自衛権」については『法律学小事典』第三版、有斐閣、一九九九年も参照）。

このように、その条文構成には両権利を併記するなどやや紛らわしい点があるにせよ、憲法を超えた固有かつ普遍的な権利としての個別的自衛権と妥協の産物としての集団的自衛権とは本質的に区別されている。後者は権利として認められても、実際に行使できるか否かはその国の憲法にもよる。自民党政権のように両権利が同じ条文の中に並列していることもあってか、個別的自衛権の中に集団的自衛権も押し込んで使用できるとするような性質のものではない。それはすでに分析してきたように、その成立過程をたどれば明らかである。これは国際的に認められた国連憲章が否定されたり、その解釈が大幅に変更されない限り、自民党政権のような解釈を貫こうとすれば、結局は国連憲章違反を承知で憲法解釈を大幅に変える以外にないことを示している。自民党政権は国連憲章を歪曲しつつその方向に突き進んでいった。

ちなみに、問題の多いこの集団的自衛権行使を含む安保法制が実は米国の強い要請によるものであることは、米アーミテージ元国務副長官ら日米の有識者などによる「日米安全保障研究会」がまとめた「報告書」にも明示されている。そこには日米の対中国戦略の共有が不可欠だとした上で「十分な予算に支えられた軍事力」「日米の政策、行動を可能ならば統合する」ことを日本に求めたことが記されており（これは「集団的自衛権」の要請である）、一方で米国は中国を警戒しつつも同時に対話のパイプづくりにも腐心するとしている（『朝日新聞』社説、二〇一六年三月二九日）。この点は米国の中国への重層的対応を示すものであり、日本の一本調子の中国警戒とは異なる点であろう。

しかし安倍政権は、集団的自衛権のこうした本来の出自や経緯には目もくれず、自らの目標に向かってひたすら突進するのみである。

最後にまとめの意味で、この法制の神髄を改めて表現すれば次のようになろう。憲法の縛りを解くことで集団的自衛権の行使を可能にし、日米同盟を確固たるものにすることによって「安全保障環境の悪化」――政府は中国や北朝鮮の「脅威」をイメージ――に対する「抑止力」を強化しようということだ。集団的自衛権とは言うまでもなく、日本が直接攻撃されていなくとも同盟関係にある他国（米国をイメージ）が攻撃されれば、その他国を攻撃する相手を「敵国」と見なして、これへの反撃を開始する（目下は自衛隊による）ということであり、これは戦争そのものへの参加に他ならない。しかも今度の法制では従来の「周辺事態」という地域的限定が取り払われたので自衛隊は米軍や多国籍軍などとともに地球上のどこへでも行って行動（戦争）することができる。

そして他国（「敵国」）への攻撃開始（戦争突入）の場合には「存立危機事態」の三要件で歯止め（限定要件）があるというが、すでに見てきたようにその立証は極めて困難であって、結局のところ最終的には政府の判断一つに委ねられるということになる（そのような「存立危機事態」への対応は「共同防衛」も許されている「個別的自衛権」の充実に委ねる方がはるかに安全であろう）。

すでに新法制に基づき三五〇人の自衛隊員が南スーダンに派遣された。そこで隊員が一発撃っただけで、これまで長年かけて日本が築いてきた〝戦争しない国〟という世界からの信頼は一挙に崩壊してしまう。信頼される価値（体系）を築くのはそれこそ国民の血のにじむような努力を要するが、それを突き崩すのはたった一発だ。

国会答弁に見る言語論

安倍晋三首相はこの法制について、ことあるごとに「国民の命と平和な暮らしを守り抜くために必要なものだ」と一方的に繰り返している。国会での野党との議論も、先に指摘したように全く噛み合わない。相互にまともな言葉を闘わせて、そこから何か新しい事態（問題点）を探し出そうとする意図など最初からない。野党側から「端的に答えてください」と注文されても、その質問に正面から端的に答えたことなど皆無に等しい。一般論で煙に巻くか、その法案なり制度の設立趣意にまで遡って延々としゃべり続け、その中で野党の質問など溶かし骨抜きにしてしまう。それも話が前後左右に飛ぶので、結局何を言おうとしたのかよく分からない。これは他の国会議員（とくに与党）にも多かれ少なかれ言えることでもある。ここで、その心的構造を言語論的に少し考えてみたい。

　言語学者のB・L・ワーフによれば、「言語とは、単に思想を表現する媒体以上のものなのであ（り）、思想形成の一つの主要な要素なのである。……人間によるこの世界の知覚（発言者のイメージする世界―筆者）というものは、その人のしゃべる言語によってプログラムされている。あたかもコンピュータがプログラムされているように。人間の心はコンピュータと同じく、外界の現実をただそのプログラムに沿って記録し組み立てるだけなのである」（傍点略、エドワード・ホール『かくれた次元』三頁以下）。

　これはホールが紹介する民族間の言語機能についてのワーフの研究（紹介）であるが、同一民族内での違う立場のもの同士の間でも本質は同じであろう。安倍首相の場合で言えば、野党との論戦の中からその意味を探り出すよりも先に、野党の発する一、二の言葉を聞くだけで脳コンピュータにプログラムされた自らの世界が即座に浮上し、それを守るためにそこから議論内容とは関係ない言葉や無内容な抽象的言辞が次つぎに発射される。先の国民の命と平和な暮らし云々もその一つであり、しかも重要なのはこれに誰も正面から反対することはできず、野党の言葉などこの中で骨もろとも溶解してしまう。

こうして自らの世界を守るためには憲法（言語の集合体）さえ都合のいいように組み替え、解釈を変えようとする。憲法は単なる法律ではない。その憲法を行政府の長が解釈、それも学問的裏付け（正当性）のない解釈だけで変えてしまう。それは民主主義を根底から危うくする。こうした言語感覚からくるのであろうか、安倍首相は過剰に饒舌の割には、国民になるほどと思わせるような、しみじみとしたフレーズをこれまで一度も聴いたことがない。

スーザン・ソンタグは自著の序文で、これは自分自身へのアドバイスでもあるとしつつ若い読者に対して次のように言っている。「言語スラム街に沈み込まないように気をつけること。言葉が指し示す具体的な、生きられた現実を想像するように努力してください。たとえば、『戦争』という様な言葉」（スーザン・ソンタグ『良心の領界』i—iv頁）。安倍晋三首相をはじめとする与党議員の国会答弁からは、すでに指摘してきたように戦争について能弁に語りつつ、それを「生きられた現実」として人びとの心に訴えるような、あるいは深刻な「想像力」をかき立てられるような心が何も伝わってこない。リアルな現実とは無関係に自らの脳コンピュータ・プログラムだけで処理しているからであろう。そこにあるのはまさに「言語のスラム」だ。これは一人首相のみでなく、他の与党議員の答弁はもちろん、それにつられる野党議員の質問も似たり寄ったりのところがあり——裏の答弁者・官僚の作文もこれを拍車——その結果、国会の討論自体が多かれ少なかれ「言語スラム街」と化しているということに他ならない。国会の質疑応答に国民がしらける最大の要因である。

(3) 日本法制の二重構造

戦争は国民（本書では主に民衆）をも巻き込んだ殺し殺される逃げ場のない極限状態を意味する。決して空想ゲームを楽しむかのように延々と机上の理屈を闘わすような次元の問題ではない。国会の議論が「言語スラム街」化するのは一つには議員に戦争という実体験がないことが関係していよう。ニューギニアで戦争を戦い、戦後はBC級戦犯として巣鴨プリズンに収容された飯田進は、自らの体験を通して次のように言っている。「勇ましいことを言う人たちは戦争を知らない。殺さねば殺される異常な世界に対する想像力がなさ過ぎる。なぜ、戦場から帰ったアメリカ兵たちは心を病むのか。それは、常識の通じない戦場に身を置いたからだろう」。そして集団的自衛権に踏み出そうとするいまの政府の動きに、「我々は地獄の釜の縁に立っている。踏み外せば奈落の底に真っ逆さまだ」と言っている（飯田進「絞り出し語り継ぐ戦争体験」『朝日新聞』二〇一五年七月一一日）。

ここに挙げられている米国帰還兵の精神の異常化については、かつてやや詳しく取り上げたことがある。「ベトナム戦争で脳を損傷した退役軍人二七九人を調査した結果、彼らは脳損傷のない退役軍人の二倍から六倍も強い攻撃性と暴力性を発揮した」というからその精神疾患は明らかであろう（Diana Kendall, Social Problems in a Diverse Society, p. 29）。しかし精神の異常化は、このような生物的要因のみで生じているわけではないことに同時に留意しておかねばならない。戦下の異常要因が強く絡んでいよう。

安全保障法制をめぐる問題は、もはや国会でのゲーム的技術論の次元では収拾できず、結局は集団的自衛権の行使を認めるか否かという根本的な前提問題に戻っていく。ところが先にも指摘したように、集団的自衛権は日本国憲法の論理からして明白な違反であるにもかかわらず、それは高度な政治的次元の問題だから司法審査になじまず、国会での議決をまっての行政判断による他はないという政府がすがる「統治行為論」に転換されかねない。今度の強行採決もおそらくそこまで見通した上での行動と言ってよい。

言うまでもなく、憲法はその国の行動を国民の人権と福祉のために縛る最高法規であるが、まさに国民の人権と福祉が直接かかわる安全保障問題で最高裁は「判断停止」するのか、大変にこころもとない状況が続いている。このような点について、矢部宏治がそれを占うことができるような論理を提示している。ごく簡単に言うと、日本の法体系は二重であり、「オモテの社会」に憲法、「ウラの社会」には安全保障をめぐる米国との数々の「密約法体系」（「密約」は各種条約になる）があり、後者が前者に優先するということだ。それは占領期から引きずっている日本政府（下位）と米国政府（上位）の法的表現に他ならないという（矢部宏治『日本はなぜ、「基地」と「原発」を止められないのか』六四―八七頁）。

これに続けて言えば、米国との関係にまつわる安全保障のような「高度な政治問題」については最高裁は憲法判断しないという「砂川判決」が、この流れに日本の主体的なお墨つきを与えたことである。というより憲法判断しないことで、憲法に優先する（ということは本来は憲法違反でもある）「ウラの社会」がオモテに出るのを未然に防いだ（そのウラにからくりがあることを同時に認めた）ということでもあろう。

沖縄の辺野古移転問題で、憲法上の権利としての沖縄の地方自治権など無視して工事を強行するのも政府が繰り返す「軍事的理由」からでなく、憲法を超える日米間の約束を果たすためであろう。これらの大本には憲法を超えた安保条約がある。

やや具体的に言うと、その第六条とそれに基づくいわゆる「地位協定」がすべてを語っている。安保条約六条で米国は「その陸軍、海軍及び空軍が日本国において施設及び区域を使用することを許される」と規定する。また、さらにこの六条が規定する「地位協定」（正式名は長いので略）では「合衆国軍隊の構成員及び軍属並びにそれらの家族は、外国人の登録及び管理に関する日本国の法令の運用から除外される」と規定されている。米軍機の危険な超低空飛行もこの協定からくる。しかも米兵が犯罪を犯しても、公務中なら身柄も拘束されず裁判権さえ日本にない。国内の治外法権地域であり、植民地さながらである。

これらの規定を地でいくような最近の事件を一つ挙げよう。沖縄の名護市沿岸で二〇一六年一二月一三日夜、米軍機オスプレイの墜落事故があった（米側は「着水事故」と主張）。その周辺の陸地や漁業者には大きな損害で、近くの住民は恐怖と不安でいらだっている。しかしこれへの沖縄県副知事の抗議に対して、米軍トップのニコルソンは「パイロットは住宅、住民に被害を与えなかった。感謝されるべき表彰ものだ」と激昂調にまくしたてた。これでは主客どころか天地転倒だ。まず事故について謝罪した上で、パイロットの努力にも理解を求めるのが筋というものであろう。兵士の努力を讃えることで大前提としての大罪までご破算にしてしまうというのは、まさしく植民地とそこに居座る軍隊の論理である。かつてのアジア植民地での日本軍の行動が連想される。そこには人間の論理も倫理もない。政権が夢見る軍事国家とはそういうものである。

もとに戻って言えば、通常のケースでは外務省や防衛省、また法務省や内閣法制局などの官僚がまさに官僚の〝智恵〟を発揮して、そうした法制の二重構造をうまく隠し、憲法遵守の擬制において「ウラ社会」の諸条約をウラのまま実現するという〝離れ業〟をやってきたのであろう。ところが集団的自衛権のような大問題に至っては、離れ業の名士のいる世界にかつていた人達までが公然と集団的自衛権行使を認める安保法制は「憲法違反」「従来の憲法解釈の枠内から外れる」と発言した（二〇一五年六月二二日の衆院特別委員会での宮崎礼壹、阪田雅裕の元法制局長官などの発言）。その結果、憲法学者の違憲発言と相まって二重構造の矛盾がもはや覆い隠しようもなく露呈してしまった。そこで政府が最後にすがったのが統治行為論まで見越した上での砂川判決だということだ。

その道の心ある専門家はもちろん、国民の半数以上の五三パーセントが反対（賛成二九パーセント――『朝日新聞』世論調査、二〇一五年六月二三日実施）だとする法案を政府が脇目もふらず強引に推し進めた理由もここにある。ここまでくれば、自民党政権にとってはもはやウラとオモテを使い分けるなどという〝繊細〟な心さえなく、ウラ社会を堂々と実践している感じさえする。

ちなみに、今日は国の最高法規である憲法をないがしろにしてまでウラ社会に執着する時代なのだろうか。世界は多極化し、自国優先の保護主義がはびこる時代に米国依存の安全保障にのみしがみつくのは危険であろう。やはり繰り返すように、アジアの隣国との友好関係が基礎にならないと真の平和は実現しないであろう。

砂川判決の統治行為論を安全保障法制に適用することの是非やその憲法上の決着については多くの議論が残っている。しかし法律の専門家ではないし、それらは当初の課題からはみ出すのですべて省略したい。以上は安保法制をめぐる事実経過とそれへの根本的な疑問・批判である。

ところで、なぜ日本の法制が二重構造になったのか。言い換えれば、その国の最高法規としての憲法がなぜこれほどないがしろにされるのか。それをたどっていけば、結局は戦争責任を中核とする「過去の総括」が果たし切れていないこと、さらにその大本にこれをそのまま覆い隠し、見切り発車してしまった出発点としてのサンフランシスコ講和条約がある。これらは第4章での重要課題である。

(4) 強権的体質は共謀罪可決にも

本節を閉じるに当たり、安保法制に次いで重要な問題点を多くはらむ「組織的犯罪処罰法」(共謀罪)についても簡単に触れておきたい。これも安保法制と同じ手法と経過をたどりつつ衆参院とも強行採決で成立させた(二〇一七年六月一五日)。ここではその手法と経過の詳細はすべて省略し(安保法制の場合に勝るとも劣らないので)、法の本質のみを説明しておこう。

犯罪は実行行為だけを罰するというのが近代刑法の根本原則であるが、この共謀罪は犯罪を計画・準備すること自体を罪に問うので、密告や司法取引による関係者（無数の連鎖関係に拡大）の供述が決定的に重要となる。当局による監視の強化でいわゆる密告社会が一般化するとともに、その連鎖の網にかかるまいと人びとは正当な社会活動さえ控えるようになるので、萎縮社会もまた一般化する。社会そのものが変質してしまうということである。

したがってまたそれは刑法の理念を否定するだけでなく、人間の内面に公権力が介入するのを許すという点で、思想・良心の自由を保障する憲法一九条違反ともなろう。

自民党政権は「国際組織犯罪防止条約」に加盟するために必要だとするが、これはマフィア犯罪の取り締まりのための国際条約で、共謀罪とは目的が異なっている。またさらに言えば、この共謀罪は政権が看板に掲げたテロ防止にさえ役立たないとする専門家も多い。

なお、この共謀罪にも米国の影が感じられる。スノーデン他によれば、かつて問題となった日本における「ムスリム捜査の流出資料」の中には「アメリカの捜査機関が日本政府に監視捜査の実施を委託したと見られるものが含まれて（いる）」という。そして今後も日本は「アメリカ政府から、アメリカ政府（と）……同じレベルの監視捜査を実施し、相互に情報を共有するよう要請されることが予想され」るとする。スノーデンは言う。「アメリカの情報機関は、常時、日本の情報機関とアメリカにおける情報を交換している（し）、日本も……アメリカに対して日本に関する情報を交換してい（る）」（エドワード・スノーデン他『スノーデン　日本への警告』一六一―一九、三七頁）。まさに共謀罪の成立はそれにうってつけであり、米国からの圧力を先取りするものと言っても決して不思議ではない。

2　権力中枢への一体的同化

〈はじめに〉

不合理きわまる法案をその道の専門家の批判・反対や多くの国民の意思など無視して強引に推し進めようとする自民党政府のやり方に対して、党側からかつて〝派閥〟時代にはあった異議申し立てや抵抗者が全く出ないのはどうしてだろうか。自民党のメンバー全員が黙って「右向け右」の号令に従うのは軍隊さながらで不気味でさえある。おそらく内心違和感ぐらいもつ議員もいると思われるが、声を押し殺して官邸の流れに身を任せているのであろう。こうした状況を見かねてか、かつての自民党を含む〝長老〟議員（山崎拓、亀井静香、武村正義、藤井裕久）が日本記者クラブで会見し、法案は「不戦国家から軍事力行使国家への大転換」だと反対を表明する事態にまでなった（二〇一五年六月一二日）。

一糸乱れず上官の命令に従う軍隊さながらの強権的性格を生み出す自民党組織の集団的特質（原理）については、序章でも簡単な分析を試みた。ここでは、これまでの事実を念頭にそれをやや別の角度からより詳しく検討してみることから始めたい。

個々の議員にとっては選挙に勝つことが一大目標であり、自民党の「地盤」が沈下する中で、しかも派閥にも頼れない状況下で党公認にありつけるか否かは、とくに年少議員にとっては重大事である。だが同時にそこには、個々の議員のそうした潜在的な「打算」さえ包み込んであまりあるような吸引力、あるいはそれを育む自民党という組織特有の集団原理が働いているように思われる。単なる打算だけであれば、それが何らかの条件によってかなえられるときにはいまの自民党的一体性もたちまち弛緩し崩壊してしまうであろう。しかし自民党にはそれ以前に、多少の問題があってもともかく仲間内でまとまり、それを壊すようなもの（内外含めて）を徹底的に嫌悪し、敵として攻撃するような体質が潜んでいるように思われる。

その基準は正邪によるのではなく、いわば幼児の甘え合った内向き集団の論理に比肩しうる。それは序章で示した沖縄二紙を攻撃する自民党「文化芸術懇話会」の振る舞いにもよく現れている。相互に甘え合いつつ、内輪同士で批判するものは誰もいない。その中にいる限りこんな居心地のいいところはない。そういう集団は冷静に外を見ることができず、いよいよ尊大となり、社会に弊害をまき散らしてもなかなか反省しない。というより、そういう認識自体が欠落している。もっともこれは自民党組織に典型的に現れているというだけで、日本の他の組織や集団も本質は似たり寄ったりであり、それこそが問題なのだが。

ともかくもこのような組織にいる限り、外からの批判があっても内に多少の不満があってもそれに異議を唱えるものはいなくなってしまう。ましてやそれが権力を欲しいままに行使できる集団とあれば、上からの命令に従うことなど何でもない。ここに一体性の強い組織や集団ができあがる。そこにはやはり単なる打算を超えた（それをも包み込む）日本的な集団原理が働いているという他はない。安全保障法制についても、このような組織や集団を貫く日本的特性がその成立に大きな役割を果したと言ってよい。以下ではそうした自民党組織などを念頭に、まずはその底を貫く日本的な組織や集団の原理そのものについて詳しく分析してみたい。しばらく理論的な問題が続くが、これは第3章とともに本書の背骨とも言えるものなのでやむを得ない。

(1) 日本的な集団原理とは何か——集団病理のメカニズム

① 組織の三過程原理——動的衰退化への道

日本的な組織や集団の構造や原理をより詳しく分析するためには、かつて試みたことのある「三過程原理」に改めて言及しなければならない。そしてこの問題は同時に、いまから二五年あまり前に分析した日本的な集団文化を貫く「包摂と排斥の構造」とも深く関係している。これらは時代や差し当たってのテーマが違っていたこともあり、別々に展開したものであるが、いまの時点から改めて見直すと両者は緊密な補完関係にあることが分かる。これらはすでに述べてきた集団原理の一環節である。現実分析に先立ってまずは「三過程原理」の説明から始めよう。当初の表現のままではなく、その後の時代変化をふまえ、いくぶん補足しながら進めたい（前掲拙著『犯罪と日本社会の病理』一〇一一六頁参照）。

三過程原理とその象徴事例

一般に組織や集団の病理が進行していく場合、そこには連続する三段階の原理が働いている

（以下では組織も集団で代表する場合がある）。

第一に、一つの組織や集団が当初の理念を失って病理化するのは外部からの影響（外圧）だけでなく、むしろこれを好機として内圧（自己正当化）に変え、自らの権力維持（打算）を図ろうとする主流派（権力中枢）の動きに始まる。その結果、そこでは同時にリーダー（ボス）が強大な権力を保有するのと裏腹に、各メンバーはこれに同調（追随）せざるを得ない状況（メカニズム）が生まれる。

第二に、仮に不合理な外圧であっても、それが権力者の意図を汲んだ集団的内圧に転化することで正当化される限り、そこに生じる多数主流派とボスの強大な権力を前に、これに逆らう少数派は必然的に異端化され、組織や集団の産出する「悪」さえ背負うことになる（供犠の論理）。それはもとの組織や集団から見れば体制純化の過程に他ならない。

第三に、異端を排除して純化された多数主流派を中心とする組織や集団は、自らの目標達成を喜ぶのもつかの間、すでに胎内から腐敗が始まり――異化作用を失った同質集団は強力ではあっても閉鎖的でもろい――その弱体化を繕うためにますます外部（外圧）への依存を余儀なくされる。もはや組織や集団の本来の理念は完全に喪失するとともに、その存在そのものが外部にさまざまな弊害をもたらすようになる。それでもそういう組織や集団が存続するのは、それと直結している住民なり国民の意識しない犠牲に支えられるからである。そしてその破綻時の尻ぬぐいは、結局は権力中枢より下部メンバー（周辺）により多く押しつけられる。

この三過程原理の適用例は後にまわし、これには「系」があるので先ずそれから取り上げていきたい。

この原理のプロセスを主流派による組織や集団の一体性確保という視点から見ると、メンバー相互の異質性を認めた上での統合が図れない場合、すでに明らかなように内部の異質を異端化していく以外にないが（先に言う第二過程）、もう一つは圧力（統制）や強制を介して内部を序列化することで組織や集団を固めると同時に、末端不満分子が自ずから排除されるよう工作する方法がある。いちいち三過程をたどっているゆとりのない軍隊組織などが典型である。しかしその中にあっても、三過程原理は多かれ少なかれ働くものであり、したがって組織や集団の腐敗も進行する。これも軍隊がいい例であろう。

これは系というより、三過程原理の極限形態ないし特殊形態とする方が適切である。その意味ではむしろ系の方が三過程原理のダイナミクスを象徴的に示すと言えよう。この点は重要なので、ここでもう少し敷衍しておこう。

強制的な序列化は、その手段としての人間（メンバー）の力量を計る価値尺度が単一的となるので、そういう組織や集団は一見上下の懸隔が大きく（例えば軍隊や官僚の階級）、バラエティに富んでいるように見えるが、実際には強い同質性を示す。したがって誰もが同じ価値基準からなる序列を昇りつめて多くの部下をもとうとし（それだけが唯一の権力バロメータとなる）、部下は部下で上司に取り入って序列の階級を少しでも上げてもらおうとする。そして、それについていけない異端者は自ずから排除されていく。

そこには外部の状況に目をふさぎ、内部の上下関係だけに汲々とする強い閉鎖的同質集団ができきあがる。それは結果として三過程原理にいう第三過程への条件と直結する。なお注意すべきは、こういう組織や集団の中の序列の一コマと化したメンバーにとってはただ抑圧感にさいなまれるだけと思われがちだが、実際はそうではない。むしろ行為基準が単純なだけに、自らの役割をたんたんと果たすことに正義感と生き甲斐さえもつと言ってよい。軍人らしい軍人や官僚らしい官僚を見るまでもない。だからこそ、それが外部に腐臭を放ちつつもそれには目もくれず、そういう組織や集団が長く維持されていくのであろう。

このような組織や集団にあっては、メンバーはそれぞれ上の命令（示唆や指導でも同じ）には理非を超えて従わらずを得ず――自らもそれに使命感さえもち――その命令が間違っていた場合には、これを客観的に批判・制止する基準も状況も欠けているだけに、外部にもたらす弊害は悪循環的に極大化する。アジア太平洋戦争を戦った日本軍の末路を顧みるまでもない。

戦争や軍隊はここでの課題ではないが、とくにこのような三過程原理の特殊例として少し考えてみたい。日本はかつてのアジア太平洋戦争で、外部の客観的分析とそれに基づく戦略に目をふさぎ、内部における上官の命令だけを唯一絶対の行動規範として作戦が進められていった。見つめるものはそれぞれの階級ごとに直近上司（官）の言動だけである。それが民間人を含めて内外に多大の犠牲を出す無謀な戦いに終わった重要な要因の一つと言える。この特色ははじめの真珠湾攻撃から原爆が広島・長崎に落ちるまで変わらなかった。そこには右に説明してきた三過程原理の極限形態が遺憾なく発揮されている。

誰もが負け戦であり、おかしいと思いつつ外部（国民などの犠牲を含めて）に目をふさぎ、上官の命令に「国家のため」という正義感さえ抱きつつ淡々と従わざるを得なかったことがいよいよ犠牲を大きくした。半藤一利もその前提を次のように話している。「敗戦の原因は、日本人固有の精神構造にあると思います。情報を直視せず、自分に都合のいい結論のままどんどんいった。ミッドウェー海戦では、敵機動部隊は出てこないと決めつけ、ガダルカナル島の戦いでも、敵はすぐに引くと根拠もなく信じた。（略）国全体が集団催眠にかかり、勢いで突き進んだ結果でした」（『読売新聞』〝戦後七〇年〟二〇一五年八月一四日）。私の場合には単なる「精神構造」ではなく、その底に日本的な集団の特質や原理が存在する。それを貫くのは、すでに明らかなように被害国や被害者はもちろん敵国の実態さえ見ず、ただ上の命令にのみに生きる閉鎖体系の中での厳しい序列である。しかし一兵卒は別として、幹部メンバーはその中で強い使命感と生き甲斐をもっていたであろう。それは外に目をふさいだ同質組織・集団からの必然的な帰結である。

右傾化を強める最近のもろもろの組織や集団をまえにすると、かつて三過程原理の系として別扱いしたものの方がむしろ重視されねばならない時代が来たのではないかとさえ思えてくる。これには後にも触れるポピュリズムの影響もあろう。いまはまだ認めていない軍隊という言葉を別の言葉に置き換えると、それとそっくりの組織や集団があちこちに見えてくる。その意味で、これはもはや系というより三過程原理の極限的な形態（凝縮体）といった方が適切であろう。ちなみに、この系をいまの自民党組織と重ねたくはないが、その特徴の多くは共有されている。この点は後に触れる。

かつての民主党

分かりやすい軍隊のような極限例を挙げてきたが、ここでもとに戻り、三過程原理本来の素直な適用例を一つ挙げてみたい。

かつての政権党だった民主党（民進党を経て分裂）の衰退過程をこの原理で分析したことがある。民主党、とくに当時の主流派幹部らは、彼らから見るとやや異質だった小沢一郎元代表とそのグループを外部権力（検察による謀略事件など）にも〝支えられ〟つつ異端化し、長きに及ぶ確執の末、ついに党から「排除」してしまった。これについては、党（幹部）側からすれば自ら出て行った（あげく民主党を分裂させた張本人）という見解のようだが、そのいきさつはしかく単純ではない。確かに直接の契機は消費税増税はしないという党是を幹部が破ったことへの抗議から〝自発的〟に出ていったのであろうが、そういう最終的な決断に至るにはそれなりの前提（歴史）があってのことと思われるし、そこに焦点を置いて見ない限り客観的で公正な判断はできない。

それは「陸山会事件」（最終的に無罪）をきっかけに、菅直人元首相以降の党主流派（幹部）がまさに外部からの圧力（検察権力）を〝奇貨〟とばかりにマスメディアと一体で（第一過程）小沢元代表をここぞとばかり異端化し（第二課程）、党員資格停止処分にまで追い込んでしまったという前史がある。少なくとも同じ党のメンバーなのに、相手の謀略による不幸をかばうという同志としての友情はそこには微塵も見られなかった（小沢代表の行動については本人から直接聞いたわけではないので、これはあくまで客観的な状況分析に過ぎない）。こうなると、第二過程が示すように民主党から国民の支持が離れていくのはすべて小沢元代表のせいだという供犠の世界が形成される。あげく残ったのは、物事が冷静かつ客観的に見えなくなった同質集合体のみである。後は、第三過程にそのまま突入するのは時間の問題となる。案の定、外圧としての米国と官僚にすがりついたまま民主党は三年三カ月で破局を迎えてしまった。

政権敗退後は幹部は居座ったものの、下位メンバーは選挙で落選するなどしてことごとく消滅してしまったのも原理通りである（詳細は前掲拙著『犯罪と日本社会の病理』第4章参照）。これは続いて取り上げる「包摂と排斥の構造」における両者の「単純結合」のケースとしても好適例である。なお、民主党組織をめぐっての三過程原理の稼働にはマスメディアが権力と一体で形成した社会状況が強くかかわっているが、それについては後に触れる機会がある（第2章）。

ここで念のために付け加えておきたい。三過程原理は言うまでもなく組織や集団、さらに社会そのものの病理メカニズムを分析するための論理であるが、この過程をそっくり裏返せば、逆にそれは組織や集団の健全な機能が発揮される過程としてとらえ直すこともできる。外部権力の圧力を排除し、内部メンバーの異質性（個性）を相互に認め合いつつ切磋琢磨することで、組織や集団、また社会の活性化が可能となるからである。その意味で、三過程原理はこのようなプラス面の分析にも応用可能となろう。

② 包摂と排斥の構造——同調と異端

ところで、今日は政党内派閥の影が薄くなってはいるものの、多数派とか少数派というのはもともと派閥の痕跡をとどめているものも多く、それは一定の境界によって他と区別される広義の組織や集団（ときに集合体）である。三過程原理はこの境界に焦点を置いて考えると、政党自体も含めて自らの境界内にできるだけ同じ立場の同調者を多く取り込もうとし（それが力の源泉である）、逆にそれに抵抗する異端者をできるだけ退けようとするメカニズムの別表現とも言える。重要なことは、その組織や集団の境界内にどんな方法や基準で同調メンバーを包摂し、また逆に異端分子をその外に排斥していくかである。その場合に、本来は相互に逆ベクトルであるはずの包摂と排斥の新たな関係性がとくに問題となる。

この点に関しては、先に示唆したように「三過程原理」の構想よりは遙か以前に（したがって三過程原理とは無関係に）、日本的な集団文化論の一つとして「包摂と排斥の構造」というテーマ（副題）でその論理を追究したことがある（拙著『日本的集団の社会学――包摂と排斥の構造』とくに1章）。いま改めて読み直すと、そこで展開されている包摂と排斥、その基準や両者の関係性はまさに三過程原理を稼働させる生命線（動力源）であることが分かる。そこで、まずはこの著作で展開した包摂と排斥の中で本書でのテーマと緊密にかかわるところを抽出し、要点をかいつまんで説明しておきたい。ここでも原著のままではなく、時代の流れをふまえ、枝葉部分はいくぶん補足していくことになる。

包摂と排斥の概念

包摂（inclusion）という言葉の中の包は、字源的に見ると「子宮に包まれた胎児」の形象からきており、まるごと包まれることで安心するという意味がある。摂という字も「やしなう」という意味がある。包み込んでやしなってもらい、包まれて安心する。もちろんその場合の胎児は子宮になじみやすくなければ流産してしまう。しかし同時に包摂には、ある概念がより一般的な概念に従属する（一般的概念からすれば下属させる）関係という意味がある点を考慮すると、このような移動をともなった取り込みだけでなく、居ながらにして他者に同系としての印を付けてこれを象徴的に下属させる（下属させて生かす）という意味が含まれる。

こうして、包摂を社会科学的な用語に置き換えると、一般に組織や集団（以下、集団で代表させることがある）が他者を同質化して、あるいは同質の印を付けて——もちろん、もともと同質のものをも含めて——自らの内部に取り込み生かすと同時に、その人自身も生かされるということになろう。

他方、排斥（exclusion）という言葉における排の字源は、まさに他者を押しのけるという追放と同時に「一つ一つけじめをつけて並べる」という意味があり、移動をともなった異質者の追放だけでなく、居ながらにして相手に差異の印を付けてこれを象徴的に押しのけることをも含む。斥という字にも「指す」という意味があり、差異化して追放しないまでも特定して周辺に遠ざけることを示すであろう。先の例で言えば、子宮になじまない胎児は人工的に流産させられるか、生まれても「外様」として生きるということになろうか。

同じく社会科学的な用語で置き換えると、一般に組織や集団が自らになじまない他者を異質化して（あるいは、もともとの異質者を）外に追放したり、追放しないまでも差異化して周辺（序列の下方）に遠ざけるということになる（これらの字源については『広辞苑』『学研漢和大辞典』参照）。

字源をもとに、ここでの視点からやや拡大解釈した側面があることを断っておきたい。また排除に替えて、あえて排斥という言葉を使用しているのは境界外への追放のみでなく、境界内にありつつもその価値体系から区別されたり遠ざけられたりという広い意味をも含むからである。

こうして、包摂と排斥それぞれの構造を重ね合わせてみると、両者の中心ベクトルは逆だが集団の周辺部は共通項を示していることが分かる。例えば差別（排斥の範疇）を忍ぶことで集団に包まれて（包摂）生かされる。周辺は集団の中心がもつ価値から遠いところにあるという意味でとらえると包摂のベクトルに収まるが、同じ集団内にありながら同時に別集団の価値をも生きる（そういう印を付けられる）という意味でとらえると排斥のベクトルを帯びる。境界といっても地理的空間のように明瞭な一本の線で区切られるわけではなく、一定の幅があるからである。ここに包摂と排斥の両者が通底し、結びつきやすい概念的論拠がある。

両者の通底はごく単純化して言えば、包摂の中心から遠い周辺は中心に向けて凝集しようとする価値体系からの離反地帯という意味で、包摂に含まれつつも排斥の色彩を帯びざるを得ないということである。

こういうアプローチに対して、Ｊ・ヤングによる排斥社会の研究に目を通しながら、包摂自体の中から排斥が生み出されるという、いわば内在的アプローチがあることを最近知った。彼は次のように言っている。「現代性から後期現代性への時代の転換は包摂社会から排斥社会への転化だったといってよい。その社会的特質は同化と共同性から分離と排斥への移行ともいえる」。しかし、こうした包摂と排斥は単純な対立関係だけを示すわけではないという。「例えば、若者の攻撃犯罪は排斥の結果というのが常識となっているが、その多くは包摂がもたらす軋轢によっている」のである（Jock Young, The Exclusive Society: Social Exclusion, Crime and Difference in Late Modernity, P. 6-7, 12-14）。

J・ヤングの言うところをもう少し延長して考えると、過度な包摂がもたらす軋轢は必然的にその中の勢力の強いものが自らのために弱い者（気に入らないもの）を排斥していく分裂過程につらなり、したがって包摂の強化自体が周辺への排斥の強化に他ならない。これは結果的には、これまで説明してきた内容と重なっている。ただ視点とアプローチが異なるだけである。

包摂と排斥の概念、および両者が対立概念でありながら通底する構造を説明した。実際に組織や集団において重視されるのは、そこにいかにしてメンバーを多く取り込むかという包摂の方である。しかし以上の説明からも分かるように、排斥は定義と異なって、必ずしも包摂の〝敵〟ではなく、ときに重要な〝味方〟でさえあり、むしろここでは通底し合う両者の補完的結合関係こそが問題となる。そこで以下、このような複雑な結合関係自体のメカニズムについてやや詳しく展開してみたい。包摂力を高めるような排斥との結合には、大別すると「単純結合」と「媒介的結合」がある。まず前者から取り上げる。

単純結合

単純結合はメンバーにおける異質（者）を異端化することで、その反動として同化や同調性を培い高めることである。もともと同質のもの同士が固まりやすい風土をもつ日本の社会では、逆に理非を超えて自分だけが異質者扱いされ異端化されることを極度に恐れる。それは特別な信念やイデオロギー、あるいは教養をもった上での「孤独」の問題とは人間類型が異なるからである。したがっていったん異端者となると——その内面はともかくとしても——結局は孤立化してしまい、何も実践できなくなることが多い。日本のような同質文化を生きる人びとが大多数を占める社会では、異端の〝悪評〟（俗に言う風評）は相互に増幅し合いつつ当該組織や集団の外にまで同心円的に伝染・拡大していく。その結果、さまざまなところで支障を来し、目指す生活そのものが成り立たなくなる危険性さえ生じる。こういう状況の中では逆に異質化、異端化をちらつかせるだけで組織や集団への同化・同調は高まっていく。それでも同化・同調しないものには排斥（排除）という最後の手段がまっている。もちろんその底には社会的状況の力が強く働いている。これを包摂と排斥の単純結合と呼んだ。

ここで、ある組織や集団からの異端化や排除がその外部にまで伝染・拡大し、孤立無援の状況を招きやすいということについてもう少し敷衍しておきたい。それは逆の同化や同調の日本的特質を考えてみるとよい。日本の場合は特別の原則はなく、自分の味方になってくれる（欲望をかなえてくれる）ものなら誰でも包摂の対象となる。しかしいったん異端の烙印を押されると、その裏返しで嫌な風評は無限定的に他の組織や集団にまで拡散しやすいことをも意味しよう。権力者がこのメカニズムを活用して反抗者を抹殺するのはよくあることである。

中根千枝によれば、中国における周辺少数民族の同化は倫理上の同化であり、例えば「礼なり道教なりへの同化によって、他の集団を全体の体系に組み入れ、漢人化する」。またインドにおける少数民族の同化は宗教的同化であり、「宗教的教化とともにカースト・システムのイデオロギーによって、論理的統合」を図ってきたという（中根千枝「日本と中国・朝鮮、家族構造の特色」江上波夫他『日本と中国――民族の特質を探る』一一〇―一一二頁）。しかし日本の同化・同調（逆に異端・排除）はすでに指摘したように、宗教（信念）やイデオロギーを超えて生身の人間まるごとに対して要求されるのであって、それはやがては人格の全価値にまで及んでいく。そのためいったん異質・異端のレッテルを貼られると、それが今度は逆に他の世界にまで無限定的に連鎖して孤立無援に追い込まれやすい。孤独に耐えるほど強くもない。諸外国における民族的次元の場合とは直接の比較はできないが、そこから見えてくる本質は変わらないであろう。

媒介的結合

次に包摂と排斥の媒介的結合である。すでに明らかなように、日本の排斥はイデオロギーや思想、また倫理や信仰上の問題というより、まるごとの人間にかかわるために完全に組織や集団から追放されてしまうと孤立無援となり、さらには生活自体が脅かされる危険さえ予想される。このことが自他ともに認識されているからか、所属する組織や集団の方針に反しても最終的にはその価値体系を受容し（境界内に留まり）、受容の程度に応じた序列化に甘んじる。仮に、そのことで組織や集団の周辺（末端）に追い込まれても――異端化されても――よほどのことがない限り、そこから飛び出して「反逆」したり、居ながらにして別の価値体系を生きるような「離脱」とはならない。むしろ境界内にいられることに恩義さえ感じる。我慢すればやがて序列を昇れる期待もある。

他方、組織や集団の主流派幹部からしても、あまり厳しい方針を押しつけて反逆者や離脱者を多く出すより、まさに境界を適当にぼかしつつ、異端者やそれに近い人達をともかく境界内に留まらせておく方が得策だ。何しろ数がものをいう世界である。同時に序列を上昇できる期待をもたせることで、管理・統制もうまくいき、組織や集団の結束化にも役立つ。その上さらにモチベーションもあがる。この方が組織や集団の外部から同調者を誘い込むにも有効である。それに先に示したJ・ヤングの視点からしても、あまりかたくなな包摂の強化はそれ自体の中から異端者を生み出してしまう。ほどほどの中庸が大切である。

こうして包摂と排斥は周辺における差異化を通して固く結びつき――一般メンバーの抱く恩義と上昇欲、主流派幹部の期待するメンバーの拡大と結束力の強化がうまくかみ合い――いよいよ包摂力を高めていく。いわば境界を曖昧にし、遠心力を強めることがそのまま求心力の強化につながっている。これを包摂と排斥の媒介的結合と呼んだ。単純結合の場合を含めて、これらは日本の政党に典型的である。それは決してイデオロギーや信念の結合体ではないからである。

③　集団原理の一環としての三過程原理――ハンナ・アーレントのユダヤ社会分析

両者の統合

かつて分析・展開した「包摂と排斥の構造」についての要点をいくぶん補足しつつ簡単に説明した。これらと先に説明した「三過程原理」との補完関係が改めて問題となる。三過程原理に言うところの主流派が外圧と一体で自らを正当化しつつ内圧を高めて体制強化を図ったり、その裏返しとして異質少数派を異端化（排除）するのは、視点を変えればそのままここで言う包摂と排斥の関係性に他ならない。というより、包摂と排斥の結合が生み出すエネルギーによって「三過程」はうまく稼働するとさえ言えよう。第三過程での同質的組織や集団がやがて腐臭を漂よわすようになるのも、排斥によって包摂が完成した閉鎖組織や集団が遠からず腐敗化するのとそのまま重なっている。また、三過程原理の極限的な特殊形態として説明した強制的な序列化による組織や集団の結合や一体化は、包摂と排斥の結合における異端者の周辺への追放や排除が主流派幹部の意思によって強行される場合と呼応している。

これらを改めて総括的に言えば次のようになろう。包摂と排斥の構造は、その名称が示すようにそれ自体まとまった構造としての原理をもつが、同時にそれは「三過程原理」の重要な局面ごとに働き、これらを推進するいわば推進翼の役割を果たしている。そしてあえて言えば、こうして稼働する三過程原理によって逆に包摂と排斥の関係もさらに活性化すると言えよう。

両者の統合名称として、以下では「包摂と排斥の三過程原理」（略して、これまで通り「三過程原理」）と呼びたい。もちろん、これらはすでに取り上げてきたように日本の組織や集団を貫く「集団原理」の一環であり、最終的には三章で分析する共同態（日本的ゲマインシャフト）論によって基礎づけられる。集団原理としてはこちらの方が母体であり、三過程原理はその派生体かつ母体を支える一環節と言ってよい。

ここで、このような「三過程原理」の働きと「社会状況」との関係についても改めて触れておこう。三過程原理も明確な基準があって意図的に実行に移されるわけではなく、それはメンバーのそれぞれが権力や権威の中枢（者）、また逆にそれへの反抗・離反（者）の動向や行方（空気）に敏感に反応した結果として実現する。いったんそういう流れができると、それが社会状況となって、ときには習慣化して人びとを強力に吸引し、また退けるように働く。また既存の組織や集団もそのような社会状況に包まれて延命したり、衰退したりしていくと言ってよい。それも一挙に崩壊するというより、動的不均衡を介して徐々に衰退していく。

ハンナ・アーレントの解析

ここで、このような「包摂と排斥の三過程原理」は必ずしも日本社会だけに限定する必要はないという例を挙げておこう。これまでの分析の前提となる現実は主として日本の社会だったので、そこから導かれる諸原理も日本固有のものと思いがちだが、状況次第では必ずしもそうではない。そこには一種の普遍性がある。ユダヤ人としてドイツに生まれ、ナチズムを逃れて米国に亡命したハンナ・アーレントによるユダヤ民族のドイツ国家への統合過程の分析に少し触れてみたい。彼女は次のように言う。

封建社会崩壊後の「国民国家がその発展の頂点においてユダヤ人に法律上の同権を与えたという事実の中には、すでに奇妙な矛盾がひそんでいた。……その国家成員たる資格としてはその国に生まれ……その同質性が、決定的に重要視されているということにあったからである。（しかし）ユダヤ人は疑いもなく異分子であり、それ故、同権を認めてやろうとすれば直ちに同化させ、できることなら消滅させてしまわねばならない」。しかしそうした極限措置が許されないとすれば、国民国家のためにはどこかで包摂しつつ排斥し、排斥しつつ包摂するという矛盾を抱えたままの「曖昧さ」の演出が必要となる。社会が彼らを受け入れるのは「自分たち（ユダヤ人）が明らかに例外として他のユダヤ人大衆と対照をなしているときだけだった」。すなわち国家への受容者は、ユダヤ人でありながらユダヤ人ではなかったということである。

ここには「三過程原理」の第二過程が基本に据えられつつ、しかしその露骨な排斥の実行が許されない時代にあっては、両者（ドイツとユダヤ）に都合のいい妥協策が必要であった。それがまたドイツ国民国家（ナショナリズム）の腐敗という第三過程への脱落を防ぐ唯一の方途でもあった。

アーレントは続けて言う。「社会は……ユダヤ人に政治的または職業的な同権を保証しなければならなくなると、かならず社会的同権だけは拒否した。社会はユダヤ人にではなく、ユダヤ民族の例外者……に対してのみサロンの扉を開いた。あなたは例外だという奇妙なお世辞を言われるユダヤ人たちは……ユダヤ人でありながらユダヤ人みたいではないようにしなければならぬ」（傍点略）。したがってユダヤ人は「自分の得ている社会的地位は或る曖昧さのおかげであることをよく知っていた」。このようにして近代的国民国家の体裁がかろうじて維持できると同時にユダヤ人も生きのびることができた。

それはまさに包摂と排斥の媒介的結合そのものと言ってよい。——しかし、やがてナチズムによる全体主義が吹き荒れるに及んでこのバランスが崩れ、異質なユダヤ人は包摂と排斥の共有領域の分断によりすべからく異端として強制収容所に送られる運命になるのは周知の通りである。そして、最終的にナチ国家自体も第三過程をたどって崩壊してしまう（ハンナ・アーレント『全体主義の起源』〈二〉、一〇四―一〇六、一二九―一三一頁、訳書ではハナ・アーレントとなっているが、ここでは他と合わせハンナとした）。

ここで興味深いのは厳しい状況を生きるユダヤ人にとっては「ユダヤ人でありながらユダヤ人みたいではない」ように生きねばならなかったという事実である。しかしそれに耐えられたのは、自らを異端と認めつつそれを自己欺瞞や恥どころか当然とする自己との和解があればこそだったのではなかろうか。

ハンス・マイヤーはブルジョアジーの支配する国民国家（ブルジョア社会）のアウトサイダー（異端者）には二つの型があるとする。簡略化して言えば、一つは「意図的アウトサイダー」（intentional outosiders）で自らの置かれた「アウトサイダー状況に否定的かつこれへの対立を意図する」タイプ、他は「実存的アウトサイダー」（existential outosiders）で、「境界（ユダヤ人でありつつユダヤ人ではない―筆者）に移行し」つつ、むしろ「そこ（outside）にいることを楽しむ」ようなタイプである（H. Mayer, Outsiders―A Study in Life and Letters―, p. xvi–xvii）。ハンナ・アーレントの見るユダヤ人はこの実存的タイプの方に近いであろう。そうでなければ日常生活を存続させることは困難だからである。もちろん意図的アウトサイダーとなれば抹殺がまっているだけだ。

なお、三過程原理の第二過程をめぐる異端者の行為類型については、私自身もかつて考察したことがある（前掲拙著『犯罪と日本社会の病理』序章２）。

(2) 日本的な集団特質の典型——自民党組織

いまの自民党組織をこのような集団原理、すなわち「包摂と排斥の三過程原理」から見直すとどのように映るだろうか。これまでもその組織的特性には触れてきており、いくぶん重複するところもあるが、簡単に振り返ってみたい。

自民党の不気味な一体性については、選挙に絡む個々の議員の打算と保身だけによるのではなく、そこに社会学的な論理が働いていることをすでに分析してきた。衆参両院で現議員が四一四人もいるメンバーの中には安保法制に内心違和感をもつ議員もいるのだろうが、安倍首相とそれを取り巻く幹部のやり方に対してそれぞれの階級（序列）で振る舞いはいくぶん異なるものの、総体としては全く従順なペットのようである。参議院の特別委員長の鴻池祥肇議員（当時）さえもが、自らがその一員である自民党議員について「上ばかり見ているヒラメみたいな参議院が多くなっている」と慨嘆している（『朝日新聞』二〇一五年八月二九日）。こうした行動が出てくる理由については、すでに検討してきたように衆参院で自民党議員が単独過半数を占めていることや官邸の機能が強化されたこと（高級官僚を含めての人事権や認定権、また首相の衆院解散権の保有）などもあるが、ここではすでに規定した集団原理の一部としての「三過程原理」に照らしつつその構造を改めて考えてみたい。

第一に、安倍晋三首相は二〇一五年四月二九日の米議会両院合同会議における演説中の一節で、安保法制を「この夏までに成就させる」と公約したが――仰ぎ見る米国が相手であれば、それは絶対的な契約に等しい――これはその実現のために退路を断って自民党一体で頑張らねばならないという決意表明であり、まさに外圧の内圧化に他ならない。米国からの軍事力要請（外圧）は歴代内閣を超えてずっと以前より続いてきたものであり、それへの積極的対応と言ってよい。

自民党政治は日米同盟における両国の共通利害を強調することで政治権力（外交力）を維持強化してきたのであり（安保法制もその一つ）、党内にあってこの流れに反旗を翻すのは至難の業である。安倍首相は先の同じ演説の中で日米同盟を「希望の同盟」とまで呼んでそれへの賛歌・追随を表明した（演説全文を読むと、米国に媚びる卑屈な態度に日本人として恥ずかしくなる）。ここではもはや主流派（多数派）も反主流派（少数派）もなく、組織に全員包摂される以外ない。

この段階で自民党はすでに三過程原理の極限形態（先に系として説明）の色彩を帯びている。軍隊化するゆえんである。これらはやや視点を変えて言えば、米国からの軍事力要請の受容は「国益」に隠れつつその「外圧」を利用することで、自らの利権や権力を維持強化しようとする権力中枢層が存在することを意味する。

第二に、その結果として当然にそこからは異端者は出ないし、また出しようがない。万一、党の方針に異議を唱えて反抗したときに予想される集団的圧力（状況の圧力）は想像を超えるものがあろう。それだけではない。議員がテレビ番組に出演する際は幹事長室へ報告せねばならないという。中堅幹部の一人は「批判的なことを言ってはいかんという空気」が党内に広がっていると言っている（『朝日新聞』二〇一五年六月二六日）。

ここでは異端を挟んで包摂と排斥、多数主流派と少数反主流派の攻防撃はいっさい不要である。御厨貴も次のように言っている。「自民党の人たちは、イデオロギーについて考えるのが苦手だ。……党内で主義主張が多様化するのが本来のあり方なのに、いまや首相のイデオロギーに近いか否かが唯一の判断基準になっている」（『読売新聞』二〇一五年八月一三日）。イデオロギーについて考えるのが苦手というより、考える必要がないのだ。

また首相に近いか否かが判断基準というのは、むしろその遠近が党内階級の序列基準という方が正確であろう。ここでも軍隊を髣髴とさせるものである。党メンバーは全くの思考停止状態であり、ただ首相と幹部の意向に従っていればいいので、こんな楽なことはない。社会状況による自己規制に加えて党幹部からの半強制的な命令が異端者皆無の純粋包摂集団をつくり出す。これはもはや同質人間の集合体としての新しい全体主義と言ってよい。

ちなみに、こういう全体主義的な一体性は党組織の内的メカニズムと同時に外的要因にも助けられている。一強多弱的な国会運営とともに日本の官僚組織がこの単純な政治体制に即座に反応し、自民党組織をしっかりガードする。それは自らの保身と打算のためである。官僚組織が無抵抗の政権支援隊に堕落したのは、すでに示唆してきたように幹部官僚の人事権を官邸が占有するという二〇一四年の「内閣人事局」設置からであろう。官僚組織が巨大な忖度システムと化したのもそのためであろう。これでは国民への奉仕という官僚の理念など実現すべくもない。また国民にとっても、これがいまやごく普通の社会状況となり、自民党組織のあり方に疑いをもたなくなる。こうして内外の要因が相まって、自民党組織の強権的一体性は構造的にも安定化していく。

第三に、異化作用を失なった同質集団は閉鎖的で唯我独尊的となり、その体内から腐敗が始まる。「森友・加計疑惑」も一例であろう。それは同時に外部にさまざまな弊害をもたらすが、そのことを内部の人間は意識しない。同質だけで固まると物事（自己をも含め）を客観的に見ることができなくなり、自分たちを承認してくれるものはすべて正しく、承認しなかったり、批判的なものはすべて間違っており敵にしか見えない。

それは安保法制をめぐる国会議論の中にもよく現れている。ここでは詳しくは触れないが、法制に批判的なものはすべて間違っており、自分たちの立場だけが「絶対」に正当であるという態度がよく見える。首相をはじめ、幹部の応答を聞いていると、細部の具体的批判には答えようとせず、常に「一般論」で押し切ってしまう。一般論が通用しなくなると例外をもうけ、そのときの総合判断によるとする。それでもだめな場合には相手を敵視して罵倒言葉が行き交ったりする。すでに指摘してきたが、野党の深刻な質問に対して特段の緊張もせず、まるで言葉遊びを楽しむかのように饒舌に話す秘密もそこにあるのかも知れない。

その根底には彼らの確固とした世界がイメージされており、それとの関係で敵（批判者）か味方（賛同者）かという単純明朗な〝解〟が得られるので、常に同じパターンで済ますことができる。それはすでに取り上げたE・ホールの言う脳コンピュータの世界である。もはや言葉というより記号であり、相手の意見を聞く前に反応する記号だと言ってよい。したがって、いつ聞いてもなるほどと思わせる言葉としての潤いや深みが感じられない。まさに「言語のスラム」である。

国会議論を（我慢に耐えつつ）聞いての実感である。

いまの自民党は異端を排斥する余地が全くないほど全員包摂の一体性を強めているが、すでに指摘してきたように、そこには他方で異質や異端を未然に防ぐような幹部からの半強制的〝命令〟も貫いている。しかもそれは党内グループや役職の序列の中でうまく働いている。閉鎖的同質集団はほうっておくとドングリの背比べよろしく分裂しやすい。そのために序列化と強制が不可欠だ。ここでも忠実に三過程原理の極限形態をなぞっている。

そして重要なことは、この一体化に耐えることがそのまま個々の議員の選挙でも有利になるという打算を暗黙の内に包み込んでいることであろう。自民党組織には包摂と排斥の単純結合と媒介的結合が未分化のまま同在していると言ってよい。外部が客観的に見えず、常に所属集団が正当だと妄信する姿勢と合わせて、そういう組織はガード機能を果たしている社会状況の風向きが変わったり、支える条件がなくなると、これまで覆われていた内部の矛盾・腐敗が一挙に露呈し、第三過程（腐敗）への道を急速にたどる可能性がある。

ついでに言えば、こういう状況下にあっては個々の議員は国民に選ばれながら国民の方ではなく組織内部の上だけ見ていればいいので、切磋琢磨も向上意欲もなくなり、その資質は劣化するのみとなろう。そしてこの構造が続く限り、その頂点に乗っている首相もまた安泰である。

これらは経済学や政治学によるのみでは解けず、社会学的論理による分析が不可欠である。こうした特性は自民党という組織に限らず、強弱、大小を別とすれば日本のさまざまな組織や集団、団体や機関の中にも認められる普遍的なものである。自民党組織はその典型的な一例に過ぎない。

第2章　囚われたメディアと教育

〈はじめに〉

その時代の政治を支配する政権政党が、いくら強権をもって自らの意図や政策を国民に押しつけようとしても、民主主義を基本とする国家体制のもとではその最終判断を下すのは国民（世論）である。政権党が何よりも神経をとがらせるのが内閣支持率であり、また政党や議員が政党支持率に戦々恐々とするのもそのためである。したがって、とりわけ政権党の場合にはいくら権力をもつとはいえ、その意図や政策をただ上から指示（提示）するだけではうまくいかず、それをどう国民に分かりやすく（必ずしもそれが正当だからという意味ではない）、ときにはその本心を隠しつつうまく浸透させるかが課題となる。それは一種の状況形成と言ってよい。そしてそれが可能となったときには、それらに対して下からも自発的な同調を得ることができる。

政権党が、ときに真実を隠してまでその意図や政策を思い通りに国民に浸透させるための（状況形成のための）最も重要な手段は、メディアと教育であろう。とりわけ、手っ取り早く即効効果がねらえるマスメディアは不可欠な手段である。これは戦前戦中でも全く同じだったと言ってよい。その本質は言うまでもなく情報の操作と統制である（一括して統制と称することもある）。以下では、いまの政権党である自民党がとっている（とった）方法を念頭にメディアの問題から取り上げていきたい。

1　メディアと情報統制――さまざまな事例分析から

(1)　直接的な権力統制――反知性主義とポピュリズム

政権政党としての今日の自民党の組織特性については、社会学的視点をもふまえつつやや詳しく分析してきた。その一糸乱れぬ軍隊を髣髴とさせるような特性からして、マスメディアへの対応も自ずから想像できるが、それはまさに戦前戦中の情報統制にも等しい露骨な介入である。戦前戦中が一瞬目の前に飛び込んできたかのような錯覚にとらわれる。

顧みると、戦中には治安維持法をはじめ、言論、出版、結社を取り締まる法律などが次つぎに制定され、ときの政府に批判的な言動をはくものが厳しく取り締まられた。まさに情報統制である。情報は民主主義の生命線であればこそ、その息の根を止めることで人びとの思想や行動を政府の思い通りにもっていくことができる。この意味ではすでに成立・施行された今日の特定秘密保護法もその一端にかかわっている。違いはまとう衣だけである。

かつての治安維持法の一部にも相当すると言われるこの特定秘密保護法以外にも、法制としては第一次安倍内閣以降（旧民主党政権下も含めて）進められてきた「個人情報保護法」「有事法制三法」「コンピュータ監視法」「共通番号（マイナンバー）法」などがあり、これらも情報統制と深くかかわっている。さらに二〇一七年六月一五日には、その最終決定版のような「組織的犯罪処罰法」（共謀罪）が強行可決成立した。しかしここではそれらへの深入りはひかえ、まずは二〇一四年以降の安倍政権による具体的なメディア介入事例から見ていこう。その延長上に共謀罪も実現したと言ってよい。

反知性主義

すでに序章でもその概要を取り上げたが、メディアへの直接的な介入という点で、政権政党の議員がメディアを脅迫するような驚くべき事実が明らかとなった。大事なことなので要点をもう少し詳しく繰り返しておこう。安倍首相に近い自民党若手議員による勉強会「文化芸術懇話会」（代表＝木原稔青年局長）で講師に招かれた百田尚樹（作家）は沖縄を愚弄したあげく、安倍政権に批判的な「沖縄二紙（沖縄タイムス、琉球新報）は潰さないといけない」と言ったり、参加議員からはそれを戒めるどころか報道・表現の自由を真っ向から脅かすような発言があった。ある議員は「マスコミを懲らしめるには広告収入がなくなるのが一番。経団連などに働きかけてほしい」「悪影響を与えている番組を発表し、そのスポンサーを列挙すればいい」などと発言したという（『朝日新聞』二〇一五年六月二七日など）。

有志による非公式な会であっても、国会議員が民主主義の根幹である報道の自由や表現の自由を脅かすような発言をすることは、憲法違反以前に議員としての資格の完全放棄である。

独裁国家から制度上は民主主義国家になって七十余年。国民から選ばれた〝選良〟が半ば公的な場でこのような発言をしたり、それを承認して恥じないのが現下の日本である。まるで歴史が戦前戦中で止まった感じである。しかしこれが日本の現実であることはしっかり記憶しておかねばなるまい。

これを聞いた安倍首相は「事実なら遺憾」と常套句を述べた末、「沖縄の人たちにお詫びすべきでは」と指摘されてようやく「言論の自由こそ民主主義の根幹で、当然尊重されるべきものだ」と一般論で応じた。その後、野党や国民から批判や反発が出てきたため、安保法案への悪響を恐れてか、谷垣禎一幹事長（当時）は懇話会代表の木原稔党青年局長を一年役職停止に、また上記発言の三議員を厳重注意の処分にした（『朝日新聞』二〇一五年六月二六、二七、二九日参照）。

一連の言動には最近よく言われるポピュリズムの特色も見られるが、敵と見立てた相手をやにむに下品な言葉でののしり攻撃する点で基本は反知性主義と言ってよい。ここで今日の政界（他の世界にも蔓延しつつある）を覆う米国発と言われる反知性主義についてごく簡単に説明しておきたい。

Ｒ・ホーフスタッターは米国の反知性主義につき次のように言っている。その歴史は古く、アメリカの「精神」は近代初期プロテスタンティズムを鋳型として形成されたが、それは反知性主義（者）にとってもそうした精神（知性）への闘い（攻撃）の場であった。しかしホーフスタッターがこの用語に触発されたのは五十年代のマッカーシズム（赤狩り）による「批判精神の軽視」「知識人の攻撃」だった。まさにそれは反知性主義の典型である。そこでは「知識人と大学に対する異端審問」が国中で行われた。その後、反知性主義は衰退したが再び現代に復活し、しかもそれは米国以外の国にも広がりを見せている。

そしてこの概念を改めて規定すれば、それは「知的な生き方およびそれを代表する人びとに対する憤りと疑惑である」。しかもそれはそうした生き方の価値をつねに極小化しようとする傾向であり、主義というより「心的姿勢」である（R・ホーフスタッター『アメリカの反知性主義』三―一七頁、四九頁以下）。

ここから読み取れるのは、知性あるいは本物の知識人に対する内在的批判ではなく、彼らを利己（党派）のために気に入らない相手（敵）と見立てて否定のために否定するという単純な原理である。したがってそれは、できる限り品位を欠いた野卑な言葉で相手を罵倒し攻撃するということになる。先の「文化芸術懇話会」メンバーの発言はまさしくこの範疇に入ろう。反知性主義かどうかは別として、これは他の自民党議員にも通じるところがある。国会の議論を聞いていると、安倍首相自身が野党議員の質問にまともに答えず、揚げ足取りやののしりに近い発言をしている。一強体制からくる驕慢がそうさせるのであろうか。ちなみに、米トランプ大統領の言動にもその傾向が強く現れている。

ポピュリズムの正体

すでに明らかなように、この反知性主義と目下勢いを増しつつあるポピュリズムは一対のものと言ってよい。後のちにも重要となるので、これについてもここで簡単に触れておこう。米トランプ大統領の反知性主義的とも思われる点を指摘したが、彼は同時にポピュリストとも称されている。そしてこの流れは世界的な広がりを見せている。

ポピュリズム（populism）は日本語では「大衆迎合主義」であり、大衆の利益、願望、不安を利用して、まさに大衆の支持のもとで既成の体制に対決しようとする政治思想である。ヤン＝ヴェルナー・ミュラーは言う。「ポピュリストは……つねに反多元主義者（antipluralist）である。……自分たちだけが、人民を代表していると主張する」。また彼らは「政治的な競争相手を非道徳で腐敗したエリートとして描く」。そして「統治するときには、彼らはいかなる反対派……も正統なものとして承認することを拒む」。またさらに「ポピュリストは、対立を食い物にし、分裂を強めるだけでなく、政治的な敵対者たちを『人民の敵』として扱い、彼らを完全に排除しようとする」（ヤン＝ヴェルナー・ミュラー『ポピュリズムとは何か』四―九頁）。先の自民党懇話会議員の言動が目に浮かぶ。

ポピュリズムの歴史は古く、古代ローマにまで遡ると言われるが、近代以降ではドイツのナチズム、イタリーのファシズム、アメリカのマッカーシズム、そしてあえて言えば日本のかつての軍国主義などがポピュリズムをうまく利用したものの代表例である。そして、それが現代にまた復活しようとしている。

いま吹き荒れているポピュリズムは、経済のグローバル化やエリートのリードする民主主義政治――本質は新自由主義であり、その行き着く先は格差社会――への反発から発生している。反発者（層）の中には、論理的に見れば当然に格差社会の最大の犠牲者である下層大衆も含まれるはずだが、その中心になっているのはかつて豊かだった中間層である。この中間層（とくにその下位者）こそ、一方で新自由主義の恩恵に浴しながら他方でその激化から自らの地位と「豊かさ」

を脅かされているという恐怖感にさいなまれ、その是正——新自由主義の根本的な克服ではなく——を希求する。

この結果が革命的な体制変換ではなく、既成の延長上での右傾ポピュリズムによる保護主義体制への変更となって現れる。それは新ナショナリズムの強化と言ってよい。英国のＥＵ離脱や反移民主義、米トランプ大統領の自国優先主義などはその現れである。そして重要なのは、この流れとは本来は別の文脈にある下層大衆の不満や不安までがそれにうまく利用され——当事者もそれで救われると錯覚し——国全体がポピュリズムにのめり込んでいくような奇妙な状況を呈している。

すでに明らかなように、このようなポピュリズムは反知性主義と結びつくことでいよいよ過激化していく。それらは相まって民主主義を内側から蝕むのみでなく、それが保護主義に隠れつつ新国家主義、さらには全体主義と結びつく危険さえはらんでいる。新自由主義を核とするグローバリズムがもたらす格差の拡大や差別の克服はこのような方法では決して解決しない。メディアをにぎわすポピュリズムの言動に騙されてはならないであろう。

放送法の曲解

もとに戻るが、国会議員は憲法上、国民と報道機関の自由を保障する義務があるのはもちろんとして、保有する権力も憲法を守ることを前提に国民から与えられたものである（立憲主義）。しかし、いまや民主主義の根幹にかかわる報道の自由、国民の知る権利をないがしろにするがごとき行為が議員の間でさえ平然と行われるようになってしまった。反知性主義やポピュリズムの影響もあろう。そうした状況の中で国民は、他に情報源を求める機会がないまま無意識のうちに政権の進める体制に飼い慣らされていく危険性が高まっている。その〝促進剤〟の一つであろうか、最近は放送の不偏不党、真実と自律を保障するための放送法まで持ち出して（というより曲解して）権力側が「報道の自由」（民主主義）のためを装いつつ、自らに不都合なメディアを内側から牽制しようとする発言まで聞かれるようになった。

かつて「報道ステーション」（テレビ朝日）コメンテーターだった古賀茂明が生放送（二〇一五年三月二七日）の中で自身の降板問題に触れ、「菅（義偉）官房長官をはじめ、官邸にはものすごいバッシングを受けてきた」と発言したのに対し、菅官房長官は「事実無根」と反論し、「放送法という法律があるので、まずテレビ局がどう対応されるか見守りたい」と述べた。発言内容の真偽はともかくとして、これはまさに放送法をタテにとって中立を装いつつ政権に都合の悪い報道を規制しようとする意図にしか見えない。あるいは放送法への無理解からくるのであろうか、これ以外にも権力側が放送法を理由にテレビ局を牽制する動きが最近目立つようになった。担当の高市早苗総務相（当時）までが、衆院予算委員会（二〇一六年二月九日）で「放送局が政治的公平性を欠くと判断した場合、放送法四条違反をふまえて電波停止を命じることがある」と発言し、「法律に規定されている罰則規定を一切適用しないとまでは担保できない」と断言した。

これらは大方の批判があるように、放送法の誤解と歪曲からくるものである。放送法は戦中の国家権力による報道介入への弊害を教訓に、一九五〇年に民主化の一環として制定されたものであり（その後改訂）、その前提には憲法第二一条の「表現の自由」が据えられている。放送法はその理念と方法を放送に関して具体化したものと言うことができる。第一条では「健全な民主主義の発達に資する」ため、「放送の不偏不党、真実及び自律を保障する」とうたう。そしてそのために、さらに第四条で「政治的に公平であること」と「事実をまげないですること」を規定する。

この文脈で見ると、「政治的公平」は権力者が権力をもって公平性を判断し規制するためのものではなく、放送者自身がその理念の実現のために自律的に守るべき倫理規範と見るのが常識であろう。その根拠は仮にこれを法（罰則）規範と見て国家が行政権で取り締まるとなれば、それは憲法二一条と放送法一条に真っ向から矛盾することになるからである。そもそも権力をもつ政治家が政治的公平性を判断するのは自分の書いた答案に自分で点数をつけるようなもので、判断自体が不公平因子を潜在的に内包すると言わねばならない。

同じく「事実をまげない」のは、同様の文脈からして不当な外部からの権力に抗するためであり、自民党のように逆に権力側がその部分のみ取り出して「報道は事実をまげないですること」だとメディア側に迫るのは本末転倒だと言わねばならない。これは活字メディアも含めてだが、報道の役割はよく言われるように憲法二一条を守るために逆に権力を監視することにある。

ちなみに、これは文部科学省が通告する学校教育における教師の「中立性」の強調でも同じことが言えよう。「中立性」を権力側に都合のいいように解釈して、それに反する教師を罰しようとしているとしか見えない。この点は序章でも取り上げた。他方、ひるがえって学校教育の場合をも含め、憲法や法律に書いてあるからだけではその理念は実現できないことを知らねばならない。報道や教育に携わるもの自身が条文の真意を歴史に遡って洞察し、不合理な権力の統制に身を挺して立ち向かい抵抗する信念と行動力がない限り、すべては空念仏に終わる。むしろこの方が問題かも知れない。個人としてはそうした姿勢をもつものもいるかも知れないが、その属する機関、あるいはメディア界全体の集団的原理（集団病理）に犯されて、さらには真相を覆い隠すような社会状況に呑み込まれて、いつの間にか牙を抜かれてひ弱な紳士に変身してしまったり、権力の走狗に陥ってしまう場合が少なくない。

冷静になって考えれば、中学生にも分かるような論理に目もくれず全議員が不合理を平然と突っ走るのは、やはりその背景に「包摂と排斥の三過程原理」を貫く自民党組織の驕りがあればこそであろう。繰り返さないが、外が見えず内輪だけの規範が支配する包摂組織に生きるものにとっては、「不合理」に対して異議を唱え異端化するのは自らの生きる世界を捨てるようなものだ。したがってまた、そういう組織の人は外に流すどんな害毒も自分ではいいことをしていると しか思わないところに最大の問題があろう。

擬似検閲

ところでもう一度原点に立ち返ってみると、これは主に映像メディアの場合だが、このような時の政権の横暴な言動が平然と飛び交うのは（その根拠になっているのは）、放送法の曲解と合わせて政府がメディアに対してもつ許認可権も大きな要因であろう。テレビであれば電波法である。よく言われるように、先進国で免許付与権限と規制権限の双方を行政府がもつのは日本のみである。とくにＮＨＫの場合には、電波使用権を介しての国家・官庁の支配に加えてその意思決定機関である経営委員会（会長もその決定による）の委員が総理大臣の任命によることである。しかも念が入ったことに、その予算は総務省の同意が必要だ。国民の受信料で成り立つ「公共放送」が公共（国民主体）どころか国家（営）放送になりやすい必然性はもともとその組織の中に潜んでいると言ってよい。公共放送を自称する限り、少なくとも経営委員とその会長ぐらいは国民の互選ないし第三者委員会の選挙に委ねるべきであろう。

新聞についても全くのフリーというわけではない。新聞もニューメディアがますます比重を増す中で厳しい生き残り競争を強られているが、かろうじてその淘汰を免れているのは一つには「再販制度」のおかげである。もし行政権力によってこの再販契約がはずされたら新聞社は販売店に価額指定できなくなり、過当な販売（値下げ）競争を強いられたあげく倒産するものが続出するであろう。いずれにしても日本のメディアは、手をこまぬいていれば権力統制を受けざるを得ない仕組みになっている。これももともとは戦後民主主義の不徹底に起因しよう。

(2) 自主規制――自粛と忖度と萎縮

① 積極的自主規制――原発報道と「陸山会事件」報道

マスメディア（以下、報道機関を中心とする）に対する権力側からの露骨な統制（圧力）に対してメディア自身はどう対応しているのであろうか。本来、報道機関に求められるのは、どんな外部（とくに権力）からの圧力にも屈せず、事実を正確に報道することで国民の福祉と生活向上に資することである。メディアによる報道（情報）は空気のようなものであり、それがなくては社会人として生きられないが、しかし普段はそのことをとくには意識しない。そこに重大な落とし穴がまっている。空気に少量の毒が混じっていても人びとは気づかない。次第に毒の量が増えても、体の方もまたそれにうまく飼い慣らされ順応していくので、その限界（身体の破壊）に至るまで気づかない。気づいたときにはすでに遅過ぎる。「戦争が廊下の奥に立ってゐた」（渡辺白泉）という警句も、情報だけではないにせよその本質を言い当てている。

メディア、とくに報道機関はその重大な使命に応えているであろうか。残念ながら報道機関もまた、決して露骨な上からの圧力だけでなく、裏での取引をも含めてそうした隠微な統制に次第に飼い慣らされ、その自覚もないまま精神の刃を抜かれているように思われる。それは自ら進んで時の権力に呼応するもの――戦時中は全メディアが政府（戦争）の積極的な〝宣伝部隊〟だった――以外に、自粛や忖度や萎縮による「自主規制」という方法がある。自主規制もあえて分ければ、積極的と消極的とがあろう。

積極的対応の例としては原発報道がある。メディアは政権主導の「原子力ムラ」と一体で、あるいはその一員として「安全神話」をばらまき、結果としてそれが三・一一大事故に直接間接つながっていった。そして事故後も、これは旧民主党政権下ではあるが、おそらく原子炉のメルトダウンが十分予測されるにもかかわらず「直ちに健康に影響はありません」という政府見解をそのまま流し続けた。この言葉はいまでも耳にこびりついている。その言葉を信じて被曝した人も多くいたはずだ。

さらにもう一つ挙げておこう。これも民主党政権時代に遡る〝小沢事件報道〟がある。行政一機関としての検察の捏造にかかわる「西松事件」「陸山会事件」という〝政治資金疑惑〟を自ら調査するどころか当局と一体となって積極的に垂れ流した。その結果も影響してか小沢一郎民主党代表（当時）は失脚し、最終的に民主党政権も崩壊してしまった。この問題はすでに第1章でも別の角度から取り上げた。歴史に仮定は禁物とはいえ、もし小沢政権ができていたなら、少なくとも今のような軍事国家への急傾斜を髣髴とさせるような事態の出現は免れたかも知れない。まだ記憶に新しいが、そのときの人格冒涜にまで及ぶ小沢攻撃報道は異常であり、新聞の場合に量と質において毎日、読売、朝日のいわゆる三大紙いずれも遜色はなかった。

こうしたマスメディアの権力同調報道にも日本の集団原理は働いている。原発報道ではほとんどすべてのメディアが陰に陽に政府主導の安全神話を流し続けたが、それはこの流れに逆らい、一人異端化することの不安と恐怖感の裏返しに過ぎない。またこれはその先に見える報道機関（幹部主流）としての利害打算とも無関係ではない。なかには安全神話に疑問をもつメディアもあったと思われるが、これらの集団原理がそれをすべて押し流してしまったのであろう。その結果の巨大災害であった。

これらの集団原理はもちろん小沢事件報道にも働いている。この点、当時の報道をごく簡単に振り返りつつ、そのような報道が必然化する仕組みについて改めて考えてみたい。小沢報道の中に日本のメディアの特性が象徴的に示されているからである。

当時の新聞を見直すと、どの新聞も政治欄が連日〝小沢悪人説〟で埋まっていると言っても過言ではない。それ自体異様である。二〇一〇年九月一四日の民主党代表選で菅直人首相（当時）と並んで立候補した小沢一郎候補について、当時秘書が「政治資金規正法違反」（「虚偽記載」だが実態は起訴に値しないほどの軽微のものであり、小沢候補自身の認識にもなかった）で起訴されていたのを理由に、どの新聞も似たり寄ったりの人格攻撃にまで及ぶ罵倒記事を書いた。おそらく、もともと深層にあった官僚・政権一体の〝小沢否定論〟がメディアにも深く共有されており、それが秘書の些細な疑惑を契機に一斉に吹き出したというのが真相であろう。それにしてもこれは選挙妨害であり、その異常さに戦時中の翼賛報道もかくやと思わせる恐怖感さえ抱かせたものである。

ここでも原発報道同様、この奔流に逆らって一人異端新聞に祭り上げられる不安と恐怖、さらにその先に見え隠れする報道機関としての利害打算がすべてを葬ってしまったのであろう。原発報道と同じく、そこには各メディアを貫く同調競争的な集団原理に根ざすところの、誰にも逆らえないような堅固な社会状況ができあがってしまっている。それはそのまま国民をも巻き込んだ社会状況の厚い岩盤となり、小沢候補は政治能力を発揮する前にその中に閉じ込められてしまった。同時にそれが煙幕となって背後にいる黒幕の正体も隠されてしまった。黒幕とは「謀略事件」をたくらんだ権力のことである。

しかしさらに問題は民主党、とくにその幹部主流派はこうした「身内」の〝窮状〟に手をさしのべるどころか沈黙を守り、結果としてこの罵倒報道に同化さえしていった。第三者から見ると、幹部の中にはむしろこれを自派閥の強化のために利用しているのではないかとさえ見える人もいた。国民が政権交代時にあれほど夢と期待を寄せた民主党も、その腐敗の根はすでにここから息づき始めていたと言ってよい。すなわち、この段階で民主党組織は政権党としての体をなしていないことがはっきりうかがえた（原発報道と小沢報道問題については前掲拙著『犯罪と日本社会の病理』第4章でもやや詳しく取り上げているので、参照していただきたい）。

ちなみに、このように権力がマスメディアを動員して国民を巻き込みつつ、そこに形成する社会状況の厚い壁はさまざまな形で政治利用される。自民党政権がどんな不合理な政策を強行しても一向に支持率が落ちないのも小沢事件とは逆に、そうした社会状況によって固く守られているからであろう。

② 消極的自主規制――象徴的なＮＨＫ報道

続いて、メディアの自粛や忖度や萎縮という消極的な方法を通しての自主規制について具体的に見ておきたい。これは政権側の意向を忖度して国民が知りたいと思う事実を報道しない。あるいは事実自体は報道しても、全体の文脈やバランスの中でその効果を減殺してしまう。多くは自粛や萎縮からくるが、なかには無難な自粛や萎縮に隠れた積極的意図があるものもあろう。権力統制への服従も含めて、これらの間に明白な境界線が引けるわけではない。以下は今日のメディアの実態をふまえての分析である。

各機関のデモ報道

参議院で当時審議中の安全保障関連法案に反対する抗議デモがたまたま二〇一五年八月三〇日に東京・永田町であった。主催者側発表によると参加者は一二万人で、国会議事堂前や周辺を埋め、歩道からあふれたデモは車道にまで広がった。一九六〇年代の「安保デモ」以来最大という。このデモについて新聞はどのように伝えたか。規模はともかく、これまでも議事堂前のデモはずっと続いていたが、たまにベタ記事で小さく伝える新聞がある程度でほとんど無視同然だった。しかし今度のみはその規模だけでなく、憲法学者がそろって法案を憲法違反と断定して以降、反対圧力が強まったこともあってか無視することはできなかった。手元にある翌朝三一日の毎日、読売、朝日、中日の朝刊各紙を見た。内容は一部を除きほとんど同じなので省略し、報道量を中心に比較してみたい（デモの日は日曜日だったので夕刊がなく、この朝刊が初記事となる）。

毎日新聞は一面の上左半分と後の三〇～三一面に一頁ほど。読売新聞は一面に何もなく、後の方の三四面に五分の一頁ほどあるが、この中にはデモの前日にあった法案賛成デモも写真入りの記事が入っている。朝日新聞は一面の上左半分と二面のほとんど、末尾三三面の全部。中日新聞は一面上左半分と二～三面の半分、末尾二六～二七面の一頁分ほど。

これを見ると朝日がやや突出しているが、毎日、中日ともどもデモの状況をかなり詳しく伝えようとしている点は同じと言ってよい。しかし読売のみは逆突出で一面が空白、後方の小記事も賛成デモ記事と同在しており、反対デモを薄めたものであろう。これだけ大きなデモになっても動じようとしない読売は、自粛・萎縮どころか積極的な政権一体派と言ってよい。しかし〝節操〟が一貫しているところはむしろ〝敬意〟を表すべきかも知れない。

ところで、このデモをＮＨＫはどう伝えたのだろうか。残念ながら当日の「ニュース７」を見逃してしまったので、その後を見守ったが、これほど国民の重大な関心事にもかかわらず、翌日も含めて全く放映しなかった。これから推して、おそらく当日も通り一遍の控えめな報道だったのであろう。このこととも関連し、以下では国民大衆への影響力という点で最も大きいＮＨＫの報道姿勢について改めて検討してみたい。その政治報道については、籾井勝人前会長の「政府が右というのを左ということはできない」という発言に象徴されるように、かねてから不信感が先立つのを禁じ得なかった。したがって、このごろは視ないことも多かったが、しかし「事実」をふまえなければ分析も考察もできないので思い直し、せいぜい努力して視ることにした。以下はその成果である。

ＮＨＫの偏曲性

二〇一五年六月一七日のＮＨＫ「ニュースウオッチ９」は集団的自衛権行使の条件である「存立危機事態」の内容をめぐって安倍首相と岡田民主党代表（当時）の党首討論の模様を伝えていた。最初の部分では議論がかみ合わず、どっちもどっちという水掛け論の様相を呈していたが、他に切迫したニュースがないのにＮＨＫはそこで議論を打ち切ってしまった。同じ日の「報道ステーション」（テレビ朝日）を視て驚いた。ここでは議論の最後の方まで伝えていたが、安倍首相が岡田代表の追及に答えず、関係ないことをながながと饒舌にしゃべる姿を見て誰もが岡田代表の方に分があると感じたのではなかろうか。どちらも事実の報道に積極的な虚偽があるわけではない。しかし自粛や萎縮が、結果として真実を誤らすことがあることの好例と言ってよい。

安保法制については憲法学者がそろって違憲と宣言し、国民の半数を超える人びとが反対する中で自民党政権は「六〇日条項」適用を念頭に二〇一五年七月一五日の衆院特別委員会で強行採決に踏み切った。しかしＮＨＫは国民の関心の高い強行採決の場となった最終審議の模様さえ中継しなかった。

また同年六月二〇日の「ニュース７」では、二〇一四年七月の集団的自衛権行使容認の閣議決定以降二四六の地方議会から意見書が国会に提出され、法案に賛成が三、反対が一八一、慎重審議を求めるものが五三の議会だったと伝えた（その他を含む）。そして「それぞれの現場を取材しました」と続けた。ところが実際に放映したのは「賛成」の金沢市議会と「慎重」の埼玉県滑川町議会のみで、七三・六パーセントもあった「反対」は一切紹介しなかった。

しかも念の入ったことに、「慎重」の立場をとった滑川町議会の場合は反対の共産党を含めて全会一致だったのに、自民党系議員の「抑止力はあった方がいい」との発言を放映し、全体として「慎重」の中味が「賛成」の方に比重があるかのような内容となっている。さらに「賛成」の金沢市議会の放映では、自民党議員の「日本を取り巻く環境は変化、抑止力で守るしかない」という発言まで流した。これでは「公共放送」のＮＨＫどころか、「偏向放送」のＮＨＫと言われても仕方がない（永野厚男「ＮＨＫ、『反対』議会報道せず」『週刊金曜日』二〇一五年七月一〇日参照）。

この種の例はいくらでも挙げることができるが、もう一つ紹介しておこう。二〇一六年二月一四日の「ニュース7」では尖閣諸島の問題を取り上げていた。たしか同年二月一三日にドイツのミュンヘンで安全保障に関する国際討論会があり、日中両国代表が領土問題をめぐって激しい質疑応答を行った。しかし結論は平行線に終わったとし、この中で米キャンベル国務長官次官補がクリントン国務長官（ともに当時）に日中の「緊張を和らげるように」というやりとりをしていたことを伝えていた（要旨）。しかしこれでは米国の真意は正確には伝わらない。日本にも中国にも「ほどほどにするよう……」となってしまう。正確な内容は以下のようになる。

これは民主党（当時）の野田佳彦政権時代に属するが、日本政府の尖閣諸島国有化（二〇一二年）に先立って、キャンベル国務長官次官補がその一方的な日本の国有化行為によって日中関係がさらに悪化することを懸念し、事前に中国政府と協議するよう日本側に要請しては——とクリントン国務長官に進言していたものである（後に公開されたクリントン国務長官当てのメールから明らかになった）。さらにキャンベルは、二〇一二年八月に来日した際にも佐々江賢一郎外務次官（当時）に国有化について中国側と事前協議するよう強く求めていた（『朝日新聞』二〇一六年一月三一日）。しかも尖閣諸島問題は、日中正常化交渉に際して当時の田中角栄首相と中国の周恩来首相の間でも、これは困難な問題だとして「棚上げ」することで合意していた経緯がある。——NHKの報道もこの問題に言及する以上は、このような歴史の経緯を正確にふまえての報道こそ報道の名に値するものであろう。米国がただ「緊張を和らげるように」と言ったというだけでは真意は全く伝わらない。

ついでに言えば、日本はこうした事情の一切を無視して一方的に国有化に踏み切ってしまったのである。現自民党政権もこれをそのまま踏襲している。しかし、こうした経緯に顧みれば、仮に尖閣諸島が日本の領土だとしても、一方的に国有化する前に中国と対話の機会を設ける努力をするのが今後の友好のためであり、また国際関係の常識であろう。安倍晋三首相は、二〇一七年二月一〇日に米国を訪問して米トランプ新大統領との共同声明を発表し、そのなかで尖閣諸島は日本の領土として安保条約が適用されることを確認したと大喜びである。これまでの苦渋の歴史に顧みれば、そして今後の日中関係を考えるとき、それほど単純に事が運ぶとは思えない。自らの主張を貫くためには、正確な歴史認識と綿密な論理の上に立たねばならない。中国外務省の耿爽副報道局長は早速同年二月一三日の会見で、「日本が日米安保条約の下に米国を引き入れ、不法な領土主張の裏付けとすることに反対する。日米は言動を慎み、誤った言論をやめるべきだ」と批判した（中国側の会見は『朝日新聞』二〇一七年二月一四日）。

③　メディアへの第三者評価――ＮＨＫの組織体質

不評なＮＨＫ政治報道

ところで、このようなＮＨＫについて視聴者はどう見ているのだろうか。二〇一五年に『朝日新聞社』がテレビにかかわりの深い六視聴者団体（Ｑｕａｅ〈クエア〉、主婦連合会、日本報道検証機構、放送批評懇話会、みんなでテレビを見る会、メディア・アンビシャス）の会員・スタッフ（二〇～八〇歳代の五二人）に対してＮＨＫの評価を聞いたデータがある（アンケート方式『同紙』二〇一五年六月一日）。それによると、災害情報や教育番組、娯楽番組などを含めてだが、「大いに」「ある程度」評価できるが五二パーセント、「あまり」「まったく」評価できないが四三パーセントだった。評価できるの一、二番は「災害時の情報提供」「教育番組」で、評価できないの一、二番は政治関係であり、「政治が絡むテーマとなると政策姿勢が萎縮する」「経営者（会長など）の資質に問題がある」だった。

ここから重要な結論を導くことができる。NHKに対する評価が不評価をかろうじて上回るのは災害情報や教育番組のせいであって、もしこれを除くと（すなわち政治報道に絞ると）惨憺たる評価となるであろう。それが分かっているいるからだろうか、最近のNHKは民放と区別がつかないような食べたり、笑ったりの騒々しい番組やクイズまがいの番組、あるいはタレントを集めてあれこれしゃべらせるといったバラエティ番組がやたらと多い。政治や社会の番組をネグレクトする代償なのであろうか。

これらはNHK出身者を中心に構成された「放送を語る会」によるデータからも裏付けられる。砂川浩慶が興味深い調査内容を紹介しているので一部引用してみたい。各テレビ局は「安保法案の国会審議」（閣議決定から二〇一七年六月二四日まで）をめぐる情報をどう伝えたか。その中の一つとしての「市民の（法案）反対運動」に関して言うと「NEWS ZERO」（日本テレビ）と「みんなのニュース」（フジテレビ）はほとんど報じなかった。「ニュース7」と「ニュースウオッチ9」（ともにNHK）は取り上げてはいたが、回数・時間とも極めて少ない。「報道ステーション」（テレビ朝日）と「NEWS23」（TBSテレビ）は比較的きめ細かく伝えていた。そしてとくにNHKについては「政府側の主張や見解をできるだけ効果的に伝え、政権への批判を招くような事実や批判の言論、市民の反対運動などは極力報じない、という際立った姿勢である」と総括している（「ＮＨＫは政権のＰＲ機関――『語る会』がまとめた安保法案の偏向報道」『週刊金曜日』二〇一五年八月二八日、三八―三九頁）。これは日頃の実感とも一致する。まさに「今回の戦争法『成立』の最大の『功労者』は、ＮＨＫ（日本放送協会）だ」（醍醐聡）と言えよう（同誌、二〇一五年一〇月九日、一二頁）。

あえてつけ加えれば「ニュース７」と「ニュースウオッチ９」はＮＨＫの報道メーンだが、番組を視ているとせっかくいいテーマを取り上げながら言葉が遊んでいるというか、淡々と述べられているだけで命が吹き込まれていない。したがってどこに焦点があるのか分かりづらいものが多い。それは真相が隠されているために報道に不可欠な情熱が感じられないからだ。同じ日に同様のテーマを取り上げている「報道ステーション」（テレビ朝日・古館伊知郎キャスター）を視るとコメンテータの発言も含め焦点がはっきりしており、分かりやすくストンと胸に落ちる。常にというわけではないが、その違いは真相に迫ろうとする情熱があるからであろう。報道は信頼が命なのに、政治に絡む番組がつねに疑いや不信をもってでしか視られないというのは視聴者にとっても局側にとっても大変に不幸なことであろう。公共放送（国策ではない）の使命が果たされないなら、それを前提とする放送法六四条の受信料支払い義務もないことになる。

ＮＨＫの組織体質

繰り返し指摘してきたように、ＮＨＫは意思決定機関を構成する経営委員が首相の任命である点で、もともと権力側の支配を受けやすい宿命をもっている。しかしＮＨＫは関連団体を含めると巨大官僚的組織であり、すでに分析してきたような政治問題に絡むこうした情けない状況が単に上からの統制だけで起こっているとは思われない。この点につき、生のデータがないので以下は仮説的な展開である。

大量の平局員は別として、上層部、とくに幹部局員（管理職）の中には、会長を介しての上からの圧力を奇貨とはしないまでもそれに取り入り、保身からか打算からか分からないが積極的にこれを受け止めるものもいるのではなかろうか。そしてその意向が忖度も含めて次つぎと序列を下降し、そこに自ずから平局員をも巻き込んだ組織全体としての政権に同調的な社会状況ができあがる。政治部を中心とする管理職は、そこでは外部権力の監視者ではなく内部の監視役となり、必然的に異端局員は排除され組織は一体化する。組織の中に異質な批判的人間やグループがいれば必ずこの流れに逆らう異端者が出るはずだが、この非常時に何事もないかのごとく組織が平穏淡々と維持されていくところを見ると、以上の仮説はそう間違っていないであろう。

仮に組織全員が会長をはじめとする幹部に反旗をひるがえさないまでも反目しているとすれば、とても日々の運営がこれほどスムーズに進行するはずがない。組織を飛び出してまでもこの流れ（状況）に抵抗する異質人間がいず、閉鎖的な同質者の集合体であることが内部を見えなくし――視聴者の立場でものを見ることができず――それがまたこの流れを一層加速させるという悪循環に陥る。ここでも受信料を払っている視聴者に責任をとろうなどという人間は誰もいない。責任は組織一体の中で雲散霧消してしまう。ここにも三過程原理を含む集団原理が働いている。

ＮＨＫ会長は二〇一七年一月二五日をもって籾井勝人から上田良一に交代した。しかしこの体質をふまえれば、これで事態が一変するといった単純なものではないであろう。これまでも外部から厳しい評価を受けながら、内部からの抵抗はその片鱗さえ一切聞いたことがない。それどころかすでに指摘してきたように、命令に唯々諾々と従うもの、沈黙を決め込むもの、なかには自から体制化してエリート権力者の顔さえする局員も見受けられる。そうした過去がトップが変わったからといって踵を返すようにがらっと変わるはずはないであろう。仮にそう変わったとすれば、それは権力への従順体質や面従腹背性を逆に証明することにもなってしまう。一度失った信頼を取り戻すのは決して容易ではないことを銘記すべきであろう。

やがて時は流れて四月に入り、ＮＨＫは新会長の下でニュース番組などの報道スタッフを一新したので、これがその内容にどう影響しているかじっくり視聴してみた。まず、いま一番の問題と言われる「組織的犯罪処罰法」。本質は戦前・戦中の「治安維持法」（一九二六年制定）を貫く「共謀罪」とほとんど変わらぬと言われるこの法案をＮＨＫは政府の呼称そのままに「テロ等準備罪」と報道し、共謀罪への言及は何もない。これでは国民にその本質が何も伝わらない。他の報道機関は一部を除いてほとんど共謀罪という文言を用いるか、そうでない場合にも共謀罪としての説明を加えて報道している。さらに同年四月一九日にこの法案の国会審議が始まったが、戦後最大の重要法案とも言われ、国民の関心も高いその審議模様を国会中継しない。これは前会長時代に安全保障法制の強行採決模様を国会中継しなかったのと重なる。

新聞の投書欄にも次のような意見が載っている。「組織犯罪処罰法改正案が衆院を通過し（た）。

……ＮＨＫのニュース放送ではなぜ、法案に関する問題点をきっちり伝えないのだろうか。安倍晋三首相や担当大臣の法案の主旨をそのまま放送するだけでは公共放送としての責務を放棄していると思わざるを得ない。」（「みんなの広場」『毎日新聞』二〇一七年五月二六日）。

これだけでもＮＨＫの体質は変わっていないことが明らかである。この他にも安倍政権の米トランプ大統領との関係、中国との関係、さらには「森友学園問題」「加計学園問題」などに対する報道姿勢は以前と全く同じと言ってよい。もはや具体例は挙げないが、政権への忖度と萎縮・自粛は依然として続いているのであろう。やはりＮＨＫ組織に対する先の仮説は変更する必要はないようだ。いったん染みついた体質はそう簡単には変わらない。

最後にＮＨＫの名誉のために付け加えると、「ＮＨＫスペシャル」などの特集番組は概して公正であり民放にはまねのできないものも多い。制作資金、取材スタッフ、時間的余裕が十分なければとてもつくれない。先のアンケートでも、評価できる番組として「ＮＨＫスペシャル」「クローズアップ現代」（国谷裕子担当時代）「ＥＴＶ特集」などが挙げられている。本書でも「ＮＨＫスペシャル」には多くを負っている。

メディアがつくる社会状況

戦前戦中の戦争宣伝に加担して国民を「翼賛運動」に巻き込んでいった過去の苦い経験をふまえ、戦後に放送の自立（律）を保証する放送法も生まれた。しかしその舌の根も乾かぬうちに、メディアが進んで放送法の理念に逆行するような事態が生じている。戦後再出発の理念は空念仏だったのか。とりわけＮＨＫがこれほど権力と予算に弱い体質だというのは、今後を占う上で貴重な教訓となるであろう。戦後七〇年、日本の民主主義はやはり偽物に過ぎなかったのだろうか。

こうしたメディアの「成果」は、二〇一六年七月一〇日の参院選結果に素直に現れた。すでに序章でも触れたように、安倍政権は裏に憲法改変問題を隠しつつ失敗が明らかなアベノミクスの成果とその継続を訴えて選挙戦を戦った。その結果、自民党だけで改選議席一二一の内の五六、これに公明やおおさか維新の会（現日本維新の会）など与党・半与党を加えると総数七七議席を確保した。さらにこれに非改選議席の八四を加えると一六一議席となり、この段階で憲法改変提案が可能な三分の二議席（一六二）すれすれになる。しかし与党系無所属議員が多くいるので実質的には一六二をゆうに超えることになる。

メディアの影響だけがこの原因とは思わないが、それが最大の「功績」であることは間違いない。もう一つ言えば、物事を本質にまで遡ってとらえようとしないネット（スマホ）社会の近視眼的人間の増加が多く関係していよう。テレビが初めて登場したときに愚衆民主主義という言葉がはやったが、客観的に見て政権がどんな勝手な政策を打ち出しても内閣支持率が下がるどころか上がる今日の姿を見ていると、ネット時代の到来で新たにネット（スマホ）愚衆民主主義が生まれているのではないかと思えてくる。それと相まって、最近は権力側が「敵」を仕立てて自らの政策の「正当性」を煽動するので、とりわけスマホ世代の人間にとっては一層物事の本質が見えなくなる。それどころか、人びとは政権に批判的なものを自らへの〝敵〟として攻撃するという倒錯現象さえ現れている。すでに示唆してきたように、反知性主義とポピュリズムの影響であろう。新聞やテレビへのメディア統制と並んで、これらの新しい社会状況が相互に補完・増幅し合いつつ強権政治を外側から固く支えていると言ってよい。

ちなみに、国際ジャーナリスト組織「国境なき記者団」が選定した「世界報道の自由度ランキング」で、かつて民主党政権時代に一八〇カ国・地域中一一位だった日本は、自民党安倍政権になって以降の二〇一五年には六一位、一六年にはさらに下降して七二位、一七年でも同じく七二位で、先進国（G7）の中では最下位にまで落ち込んでしまった（『朝日新聞』二〇一六年四月二日参照）。これは実態をよく映している。

いずれ第4、5章でも詳しく分析するように、戦後民主主義はその出発点から虚妄化しやすい歴史的事情（宿命？）が潜在していたが、それでもようやくここまで育った民主主義が今度はその内側からも侵蝕されてきていると言えよう。

2 教育の権力統制

(1) 教育内容と教育行政

① 教科書の偏向性

マスメディアと並んで教育もまた国家権力がその同調を得るために好んで用いる媒体装置である。教育にもいろいろな分野や次元があるが、最も効果的なのはまだ〝無色〟の状態にある児童・生徒に対する義務教育であろう。安倍政権は教科書への規制を一段と強化している。いうまでもなく、それは教科書検定制度を通して政権の意向に沿う教科書を合格とし、意向に沿わない教科書を不合格とすることである。高嶋伸欣は安倍政権下での最近の実態を具体的に報告している。その中のいくつかをまず紹介してみたい。

「新しい歴史教科書をつくる会」系の中学校社会科歴史分野で二〇一四年に合格した教科書(自由社版)は、南京事件や沖縄戦での住民殺害と「集団自決」(強制集団死)には全く触れていないという。また同じく二〇一四年度に合格した「日本教育再生機構」系の歴史教科書(育鵬社版)では、沖縄戦について「戦闘がはげしくなる中で逃げ場を失い、集団自決に追い込まれた人々もいました」「八重山諸島では、避難先の地域がマラリア発生地だったことから多くの病死者が出た」などとし、日本軍による強制が原因である事実について、巧みに責任転嫁した表現となっているとする。さらに同書は東南アジアへの侵攻についても「欧米による植民地支配からアジアの国々を解放し、大東亜共栄圏を建設することが戦争の目的」で、中国や東南アジアなどに「日本軍が進攻した」のも「自尊自衛」のためとしており、ここにはいまや常識となっている「侵略」という言葉さえないという(高嶋伸欣「侵略を『自尊自衛』と美化する『歴史教科書』」『週刊金曜日』二〇一五年四月一七日、一六―一七頁)。これでは、子ども達の目から歴史の真実を覆い隠すことになろう(なお、「日本教育再生機構」は「新しい歴史教科書をつくる会」から分派したものであり、ともに「歴史修正主義」に立っている)。

さらに、こういういまの状況を推進する制度的裏付けが教科書検定基準である。文部科学省は教科書の内容が安倍政権の意向に沿うよう教科書検定の新基準を発表している（二〇一四年一月決定）。要点は改正教育基本法にうたう目標を意図した編集を促し、歴史事項については「政府見解」の記載を求めるものである。改正教育基本法は第一次安倍政権下で成立したもので、教育目標として「伝統文化を尊重」し、「我が国と郷土を愛する……態度」を養い、「公共の精神」を涵養することなどがうたわれている。またこれは第二次安倍政権における「教育再生」（教育改革）の一つであるが、「政府見解」とは歴史事項で学説が未確定な事項については、特定の事柄の強調を避けてバランスの取れた記述とし、政府の公式見解や確定判例などを記載するよう求めている。先に例示した教科書もこういう基準が前提となっているのであろう。しかしそれは「バランス」どころか、それさえ超えて逆にアンバランスになっている。だんだん戦中の教科書に近づきつつある。

② 教育行政による統制——教育委員会制度の改変

行政の介入

次にこのような教科書が検定に合格しても、それが教育の現場で採択されなければ何もならない。その重要な役割を担うのが地域の教育委員会である。全くぬかりないと言うべきか、これに即応するように安倍政権はこれまでの教育委員会制度を改変し、新教育委員会制度を導入した（二〇一五年四月）。これは先の「政府見解」とともに第二次安倍政権が推進する（してきた）「教育改革」の一つの重要ポイントである。要点を簡潔に言えば、これまで議会の同意の上で自治体の長が選んだ各教育委員の互選でなった教育委員長（住民側）と事務系（行政側）の教育長を一本化し、行政側の教育長の方に権力を集中させたことである。しかも首長に教育長の任免権を与えた。

問題はいろいろあったにせよ、曲がりなりにも政治的中立性を守ろうとしてきた教育委員会の理念が骨抜きにされ、時の政治権力（国家権力）がストレートに教育に介入することも可能となった。もはや説明を要しないが、教科書採択に際しても政治権力やそれを支える行政の意向が強く反映するものとならざるを得ない。これは二〇〇六年、第一次安倍内閣が断行した改正教育基本法の中で、これまで十条に規定されていた「教育行政は……教育の目的を遂行するに必要な諸条件の整備確立を目標として行われなければならない」が廃棄され、代わりに「政府は……教育の振興に関する施策についての基本的な方針及び……基本的な計画を定め」る（一七条）と改変されたことの必然的な結果である。そのときは奇怪に思いつつも何となく見過ごしてきたことが、いまこういう重大な結果を招くという好例である。

それを裏付けるかのように、安倍晋三首相に近い議員でつくる「日本の前途と歴史教育を考える議員の会」（会長は古屋圭司議員）は保守色の強い教科書を選んでもらうため、「より良い教科書を子供たちに届けるために」というパンフレットをつくり、全国の自民党地方議員に配った。その成果もあってか、二〇一六年度から使用される教科書が各地で決まったが、社会科では先に言う育鵬社版の教科書が大阪市教委や横浜市教委などで選ばれ、全国での選択率は四年前の四パーセントから六パーセントほどに増加した（『朝日新聞』二〇一五年八月一九日、九月五日）。

現代版能力主義

こう見てくると、現場の教師や教育される子ども達の個としての主体的自由が国家権力によってがんじがらめにされるという印象を受ける。しかし一方で、第二次安倍政権はすでに触れてきた「教育改革」として、個人の能力や適性に応じた教育を推進するための学校制度の多様化や複線化、飛び級制度も打ち出している。また国際競争（グローバル化）に備えて、小学校低学年から英語教育を義務づけるなどが提案されている。しかしこれは三〇年も前の中曽根政権時代から延々と続く「能力主義」の現代版に過ぎない。たしかにここでも個人の自由は尊重されているが、これは先に言う憲法で保障された個の自由（人権）とは次元の異なるものであり、両者が混同されてはならない。

能力主義が目指す個人の能力や適正重視は企業の目指す経済成長のための自由であり、評価尺度が単線であるためにその競争は必然的に格差（差別）を生む。格差はさらに競争を激化させ、他の要因（資源をもつものともたざるものなど）と相まって、教育格差と経済格差が悪循環しつつ人間格差、というより人間の差別が固定されるような閉塞的抑圧が生まれる。それはまさに未来の教育が目指すべき基本的人権としての個の自由に逆行するものと言わざるを得ない。

ついでに言えば、そういう閉塞的抑圧社会が生み出したものこそが子ども達のいじめ自殺であり、現代的な非行や犯罪だと言ってよい。第二次教育改革が目指す「道徳の教科化」（これも安倍教育改革のテーマ）などによってこれらの病理現象を抑止しようというのであれば、それは全くの筋違いと言うべきであろう。早期の英語教育についても、日本語能力を損なうとか、日本人としての総合的感性が育ちにくいなどいろいろ問題があるが、ここでは課題から逸れるので省略する。

(2) 教育界の自主規制

① 教育実践――高校講座の例

今日の教育統制の実態を見てきたが、ここまでがんじがらめに統制されると、教育する立場（教員）からすれば自主性の許される余地はほとんどなくなってしまう。しかし教育される立場（児童・生徒）からすれば、ほとんど無地・無色の心身に新しい知識や見解を初めて刷り込まれるのであって――その内容が何であるかとは関係なく――最初は模倣であったり、強制の形をとってもやがては児童・生徒の中に内面化し、自主的・自発的なエネルギーに発酵していく。そうなることによって教育する立場のものは――それが不本意であるか否かとは関係なく――外部からは教育の成功として評価される。そしてそれらは、やがては遠い過去の歴史となってしまう。刷り込みと評価、両者は補完的な循環関係をもちつつ自動進行していく。ここに教育というものの聖性と怖さがある。しかもその起因は、すでに見てきたように上からの直接の規制だけでなく、メディアと一体での間接的規制、あるいは自主規制にまで及んでいることである。

NHK講座

ここでNHKの教育番組についての例を挙げてみたい。先ほどメディアのところで、視聴者はNHKの放送をどう見ているか、六視聴者団体の評価を紹介した。その中で政治番組の評価は最低だが、災害情報とともに「教育番組」は評価できるものの筆頭にあがっていた。実際はどうか。たまたまNHK教育テレビのスイッチを入れたら中国の盧溝橋が映っていた。一九九〇年代に地図を片手に訪ねたことがあり、懐かしいので視ているとそれは高校講座日本史「日中戦争」という番組だった（二〇一六年二月五日）。二人の高校生を前に俳優の高橋英樹がリード役をし、どこかの大学教師が解説役を務めていた。

番組は盧溝橋事件（一九三七年七月七日）をきっかけに日中全面戦争を経て第二次世界大戦に至るまでの経過を映像とともにたどるものだった。その解説の中で二点ほどとくに気になったところがあったのでごく簡単に取り上げてみたい（文言は放送通りでないところもある）。

その一つは、日中全面戦争へのきっかけをつくった重大な盧溝橋事件の起因についてである。これを日本軍と中国軍の「衝突」としていたが、衝突には相違ないものの、それだけでは真相は伝わらない。中国軍から見ればここは北京守備の要衝であり、そこへ中国側の強い反発を無視して日本軍を一八〇〇～五八〇〇人も増強して送り込んだ。しかもここは他国、中国の領土である。そうした背景が一言も語られないのでは、衝突という事実の真相はこれから勉強しようとする高校生には何も伝わらない。いわんや、これを俗論によくあるように日中どちらが先に一発撃ったかなどという論争に矮小化してはならない。講座はそこまでは触れてないが、「衝突」は必然的にそういう問題に発展していくであろう。

衝突と言えば、ごく最近も自民党稲田朋美防衛相（当時）が自衛隊の南スーダンでのＰＫＯ活動をめぐって、現地の事実としての「戦闘行為」を憲法違反となるのを避けるため「武力衝突」と言い替えたことが国会で問題となり、辞任要請にまで発展した（二〇一七年）。政治家や官僚の世界では深刻な事態を示す言葉を多様な意味に（ときに正反対にさえ）とれる抽象用語に置き換えて、その真相を覆い隠そうとする傾向が強いので注意しなければならない。

もう一つは、満州国の扱いである。解説ではこれを世界恐慌の影響からくる農村の疲弊など日本の窮乏を救うためのはけ口が満州進出（侵略ではなく）であったとしていた。これも事実には相違ないないが（表現を別とすれば）、これだけだとやはりその真相は伝わらない。まさに「満州楽土」になってしまう。満州（中国東北部）はもともと地元農民の土地を日本軍が強制的に収容し、そこへ国策としてこれも軍隊の招集のように日本人移住者を各地に割り当てて半強制的に約二七万人を送り込んだものだ（「村人は満州へ送られた……」『ＮＨＫスペシャル』二〇一六年八月一四日参照）。敗戦によって彼らは見捨てられ、恨みからくる中国人の反抗やソ連軍の襲撃に遭い悲惨な末路を強いられた。それは第４章２節で取り上げた残留孤児問題として戦後にもストレートにつながっている。とても単なる農村の疲弊を救うといったことでは済まないものだ。またさらに言えば、満州国という以上、そういう日本の傀儡国家をつくった大本の、そしてその後の日本の運命を決定した日中戦争――アジア太平洋戦争への最発端となった「満州事変」（一九三一年九月九日）にも一言触れるべきであろう。それこそが盧溝橋事件の前哨戦とも言うべきものだからである。

中国の実物教育

ここで比較の意味もあり、中国における子どもたち相手の教育に少し触れてみたい。これは教科書問題とはまた異なる教育実践によるものである。かつて「中国百业研究中心」（北京）の客員研究員だったとき、盧溝橋からそう遠くないところにある「人民抗日戦争記念館」に行ってみた。新緑にはやや早い日本の田舎道を髣髴とさせるような道のりである。そこには日中戦争における中国軍の戦い振りとともに、日本軍が行った目を背けたくなるような残虐行為の数々が遺品や武器とともに展示され、その経緯が克明に記録されている。厖大な現代史のパノラマをひもとく感じである。

しばらくすると、小中校生ぐらいの集団が教師とおぼしき人に引率されて次つぎに入ってきたことだ。これを見ながら、歴史の真実を隠そうとし、現代史さえ満足に教えない日本との格差というか、その対称性に深く感じ入ったことである。実物教育ではドイツの場合も全く同じである。幼少時におけるこのような体験のギャップはさまざまな形で両国の未来に影響していくであろう。幸いにしてというか、一人だったので中国人に紛れ込むことができたが、集団だったらすぐ日本人と分かり、いたたまれなかったであろう。その情景がいまでも脳裏を離れない。

②　大学教育にも危機が
国旗・国歌の要請

大学教育においても同じような傾向が現れている。二〇一五年、当時の自民党下村博文文科相は全国八六の国立大学長らに卒業式や入学式で国旗掲揚と国歌を斉唱するよう要請し、また国立大学長会議において「その取り扱いについて、適切にご判断いただけるようお願いする」と述べた。そして学習指導要領に基づいて実施を指導してきた小中高と異なり、これは各大学の自主判断だとしている。

これも新教育基本法二条の「伝統と文化を尊重」し、「我が国と郷土を愛する……態度を養う」が根拠になっていると思われるが、その点ではすでに取り上げてきた児童・生徒への指導方針と連続し重なっている。ただ大学の場合は学習指導要領からの規制がないことと、とくに研究が重視されることもあって憲法二十三条の学問の自由や教育基本法七条の大学の自主性尊重への懸念もあってか、とりあえず取り扱いについては「適切にご判断」をとなったのであろう。

しかし、一九九九年の国旗国歌法（「国旗及び国歌に関する法律」）の施行を受けて小中高に国旗の掲揚と国歌斉唱を要請したときも、時の自民党官房長官だった野中広務は「これは決して義務や強制ではない」と公言していた。しかし播かれた種はいつの間にか強力な自主規制となり、やがては「義務」となって全国津々浦々入学式や卒業式で国旗が掲げられ、国歌が歌われるようになった。東京都などはその違反者を処罰するまでになった。

当初は決して上（権力側）からの命令や強制ではなく、単なる「お願い」や指導・示唆であっても、ときの経過とともにそれが上からの意図通りに忖度され、自主規制を経てやがては内部強制にまで進化していく。そこにはやはり社会状況を読むに敏な日本人の行動様式と包摂と排斥をふまえた三過程原理が強く働いていよう。

大学の職業訓練校化

大学もこの二の舞にならないという保証は何もない。ここで国旗・国歌問題と並んでもう一つの問題も指摘しておこう。それは大学における「人文社会系」廃止の問題である。大方の批判を受け、いまは消えた形になっているが同じような政権が続く限りまた再燃するであろう。文部科学省は二〇一五年六月八日、全国八六の国立大学法人に対して、人文社会科学系学部・大学院の国立大学としての役割をふまえ、その組織の廃止・再編や社会的要請の高い分野への転換に積極的に取り組むよう通知した。この場合の大学の役割とはごく端的に言えば、新自由主義を前提とするグローバルな視点から見て経済効率を上げられるような教育・研究を行うことだと言ってよい。

これでは大学・大学院は職業訓練校になれと言っているのと同じで、あまりにもばかばかしい異論と言わざるを得ない。関係機関からは多くの反論が出ているが、いまさら繰り返すまでもなく、大学とくに人文社会科学系大学院は「すぐ役立つか否か」ではなく、人間と社会の現象を貫く本質（真理）を追究することに本来の使命がある。そして、それを通して人間と社会に貢献することである。したがってまた、これらを前提とする教育でなければならない。この世の中は理系と文系を問わず人間が動かしている以上、それが文部科学省の優遇する理工系分野にもいずれ役立つものになるのは理の当然である。あえて言えば、人文社会科学はすぐ役立つか否かではなく、人間と社会の真理（原理）を長期のスパンで多角的に解明することを通して理工系を含む人間と社会の進展や文化の向上に貢献するものである。

考えてみれば、このような筋違いの経済効率主義が大学にもち込まれるようになったのは一九九〇年代の大学法人化で、大学の「経営」や意思決定機関に企業家や経営者が導入されてからと言ってよい。伝統的に維持されてきた「大学の自治」「教授会の意思決定」もそのころから揺らぎ始め、教育・研究も外部からすぐ役立つか否かといった経済効率で評価されるようになった。評価されない人物や機関には予算が下りないわけだから兵糧攻めのようなもので、そういう評価に否応なしに従わざるを得なくなる。そしてあげくは、それが当然のような社会状況がつくられていき、三過程原理に顧みるまでもなく「大学の自治」をタテにこれに反旗を翻すような大学や研究者が異端化され、やがては排除されてしまうという危険性が十分予想される。「通知」の忖度で、そういう状況の流れがすでに進んできている。

もちろん、大学にも本来の使命にそぐわないような無駄が惰性で放置されてきたところがないわけではない。これに関しては、まさに効率の論理からも厳しく整理されるべきであろう。

以上、権力が自らの意向を国民に浸透させるために利用しやすく、かつもっとも効率的な手段や媒体としてのメディアと教育について、主に第二次安倍政権下での実態をふまえて分析してきた。結果は予想通りであるが、両者は別の範疇とはいえ実質的には、あるいは本質上は通底していると言ってよい。もともとメディアにも教育的側面があり、教育にも情報伝達的側面がある。報道も教育も人間が生きていく上で不可欠なものであり、したがってその影響（効果）は人間を外側と内側から否応なしに変えてしまうことである。あえて言えば、メディア（報道）は外側から空気のように内側に浸透し、教育は直接人間の内面に働きかけることで自然に人間を変える。

このように、メディア（報道）や教育は特別の抵抗感もなく自然に、あるいは無意識裡に人間を変えていくところに本質があるが、自民党政権の場合にはこの肝心な生命線とも言えるメディア（報道）と教育を自らの意思を浸透させるために強制的に手段化しているとさえ言えよう。

(3) メディアと教育がつくり出す社会状況——その体制馴致機能

ここで本章の締めくくりとして、メディアと教育、とりわけメディアが培う社会状況の役割について、地域社会を前提にやや具体的に取り上げてみよう。序章で社会状況とは国民と権力（政権）の間の緩衝装置、あるいは権力の隠蔽装置でもあると規定した。露骨な権力統制は嫌われるが、社会状況のオブラートに包むことでうまくその意図は浸透していくからである。問題はいったんそういう状況がつくられると、それは上からの権力にとって都合がいいだけでなく、下からもそれへの追随・同調が加速することだ。状況は個々人に生きられることを特性とするからである。自治体も例外ではなく、国家の下には小権力としての地方自治体が介在し、自治体自体がそういう状況に巻き込まれるとともに住民をそれに向けて総動員する媒体的役割さえ果たしている。もともと権力の同調者にとってはもちろんだが、そうでない一般の人びともいつしかその中に引き込まれていく。これまで本章で取り上げてきたような国家の絡む懸念すべきさまざまな問題も、実際にはこのような自治体をはじめとする何段階ものエージェンシーがつくり出す社会状況を介して国民の間に浸透していくと言ってよい。以下では、この問題を国家の下請けとさえなってしまった自治体や公共的な団体の場合について具体例から考えてみたい。

自治体の下請け機関化

群馬県の高崎市にある県立公園「群馬の森」に、「朝鮮人・韓国人強制連行犠牲者追悼碑」が建っている。さる団体から追悼碑設置許可取り消し要請を受けた県が、県議会での可決を経て管理団体にその後の設置許可の更新を認めず、碑を直ちに撤去するよう通知した（二〇一四年七月二二日）。これはその後、訴訟問題にまで発展している。また奈良県天理市では、戦時中の軍事施設、柳本飛行場跡に設置された戦争を反省する説明板が市により撤去された（二〇一四年七月二二日）。そうした戦争にまつわる施設に対する同様の例は福岡県飯塚市や大阪府茨木市などでも起きており、飯塚市には市営霊園内に朝鮮人追悼碑があるが、市はこれを管理するＮＰＯ法人にその碑文にある日本の戦争責任を非難する言葉の修正を促したという。

さらに埼玉県大宮市の公民館は、同館俳句サークルで互選された「梅雨空に『九条守れ』の女性デモ」という俳句の月報掲載を拒否した（二〇一五年六月）。九条を守るというのは当然のことと思われるが、戦争法案（当時）に向けて突進する政権をおもんぱかってのことであろう。かつては九条をはじめとする平和憲法を守るのは国民の義務であり、学校ではそれを暗記すると褒められたものだが、いまは平和憲法を守って戦争反対などと教師が教えたら偏向教育だと断罪される時代である。それが普通になり、人びとはこれに特段反対も抗議もしない。社会状況の変質とはこういうものである。社会は内側から、底辺から変わってしまう（その後この件は訴訟になり、さいたま地裁は「思想や信条」の差別を認め、市に五万円の賠償を命じた）。

また北海道美瑛町では、町の社会福祉協議会（社協）が安全保障法案（当時）について、「皆で考えよう安全保障法案」「争いのない助け合いの社会を目ざします」「今の平和と幸せを次の世代につなげたい」などと記したチラシを町民に配ったところ、自民党支部から質問状や関係者の処分を求める文書が届き、社協は「混乱を招いた」と謝罪した上、理事四人が退任したという（『朝日新聞』二〇一五年一二月一四日）。

自民党支部は「政治的内容の意思決定にかかわる」のを理由に挙げたとされるが、これでは「国民は政治に口を出すな、お上に従え」という封建時代と同じだ。国民が政治に参加して「平和を念願し」「人間相互の関係」を友好裡に築こうとするのは憲法の理念そのものであり、どうして謝罪になるのだろう。これを見て、公共の福祉を掲げる社協もかとがっかりするものもいると思われるが、逆に社協でさえそうなのだからとその状況に同化するものがいよいよ多くなるかも知れない。いまの日本はそうした社会状況の変換期に入ったと言ってよい。社会状況の変質は、一片の法的規制と異なって人間の内部まで浸透するため、いったん形成されるともとに戻すのはなかなか難しい。

姑息な責任逃れ

これらのケースの多くは当時新聞でも報じられたが、改めてウェブサイトで確認したものである（個々のサイト名は省略）。この他にも調べれば多くの事例が見つかると思われるが、それぞれ個人間のやりとりや争いの問題ではなく、自治体や公共的団体という個を隠しての圧力が前提となっている点は共通と言ってよい。とくに特定の団体や政党からの要請で記念碑などの「撤去」や「中止」が決められた場合には、知事名や市長名はあるものの、どういう会議で誰がどうリードしたかは絶対的に秘密なことである。しかもその理由はほとんど文化施設（機関）や公共団体の行事が「政治に介入するのはまずい」（どちらが政治介入しているのか）とか「一方の立場にくみするのは公正でない」（これも「中立性」に隠れた自己主張）といった抽象的な大義名分である。

普段はまともな組織やグループまでがそういう状況に巻き込まれて批判の矛を収め、自主規制に走る。原発や憲法をめぐる市民主宰の催しへの名義後援を「政治的中立への配慮」などを理由に断る自治体が増えている。『朝日新聞』の調査によると、都道府県、県庁所在地、政令指定都市、東京二三区の計一二一自治体では二〇一〇年以降にこうした理由で後援を断ったり、取り消した例が少なくとも五四自治体で計一七二件あった。しかもこれは年々増加しているという（二〇一六年一〇月九日付）。

沈黙する住民も含めて、いま進行しつつある社会状況に逆らってまで波風を立てたくはないという保身が先立つのであろう。これも無意識の裡に培われたメディアと教育の成果だとも言えよう。普段はそれらしい〝顔〟をしながら日本の民主主義がいかにひ弱だったか痛感せざるを得ない。戦争も独裁者の命令で一挙に起こるわけでは決してないことがこれらのケース分析からも分かる。強行採決で成立した問題の多い共謀罪も次第にこういう社会状況の中に溶け込んでいつしか当り前となり、それを画策した政権もさしてダメージを受けることなく存続していくのであろうか。

こうして、社会的状況が特定の方向に収斂していく場合にはすべからく自治体や機関、また団体がいち早くそれに乗り、起動因となって地域住民をその方向に誘導していくということである。そこには権力からの直接的圧力や明確な指揮命令は何もない。それはまさに状況の結果としか言いようがない。しかもすでに明らかなように、自治体、機関、団体でどう決めたのかは全く曖昧模糊としている。その結果について誰も責任を取りたくないからだ。この問題に限らないが、責任が曖昧のままずるずると現実だけが先行していくのが日本社会の特色である。しかもそこには、ただ上からの要請や忖度からだけでなく、この潮流に遅れて立場を同じくする仲間から後ろ指を指されたくないという三過程原理がここでも遠因として強く働いている。それにしても感心するのは、とりわけ地方自治体が体制馴致の媒体どころか、その尖兵となって「活躍」する姿は戦前戦中と全く変わっていないことである。

第3章　日本社会の構成原理

——細胞としての共同態

1　日本的集団の特性と機能

(1)　三過程原理と共同態

その時代の社会状況の生成にとって、あるいはその裏に隠された政治意図の浸透にとってマスメディアや教育はもちろん、自治体を含むさまざまな機関や団体、グループなどの水面下での役割が重要であることを指摘してきた。そして、その背後には時の権力構造を担う政権党の組織論的、あるいは集団論的特質に根ざす強い影響力があることをも分析した。

その上で、メディアや教育への情報統制、またメディアや教育自体（当局）による自主規制、それぞれの過程において「包摂と排斥の三過程原理」（集団原理）が働いていることを指摘した。そして、これらの背後にある時の権力としての自民党組織の分析においても、こうした集団原理をふまえることでその特異性が明瞭に浮かび上がってくることを示した。

ところで、こうした原理のさらに深層には実は日本人の精神構造をも射程に含みつつ、これらを支えるいわばその母体としての日本的な集団が存在する。それは端的に言えば、すでに示唆してきたように共同態としてとらえられる集団（共同態的集団）だと言ってよい。それが個々の集団や組織を貫いている。

ここで混乱を避けるために、これまでの記述経緯をふまえて簡単に用語の整理をしておきたい。

集団や組織における「三過程原理」と「包摂と排斥の関係原理」は同じ現象を異なった視点からとらえたものであり、したがって両者を統合して「包摂と排斥の三過程原理」（略して「三過程原理」）と言ってきた。もちろんこれも序章で規定したように狭義の集団原理に属する。そしてこれらの母体とも言える日本的集団がすなわちここでいう共同態、あるいは共同態としてとらえられた集団ということになる。いわば共同態としてとらえられる集団こそ「包摂と排斥の三過程原理」を生み出したところのものであり、まさにその母体である。逆に「三過程原理」は母体を支える一環節（機能）と見ることもできる。共同態の特性や構成原理については追いおい明らかにしていくが、以下ではこれらのすべてを含めて広義の集団原理論と総称することがある。この点もすでに指摘してきた。

(2) 権威に弱く隣が気になる精神構造

共同態についての理論的な問題に入る前に、その機能を端的に示すようないくつかのケースを挙げてみよう。もちろん、それはこれまで分析してきたような狭義の集団原理を貫くケースと重なっており、その延長と言ってよい。政党組織から自治体や団体、メディアや教育などの諸機関、さまざまなグループに至るまで一つの強力なシンボル——有名人（有名物）、権力者や権威者、さらには象徴としての天皇など——が与えられると外部が客観的に見えなくなり、そのもとに半ば思考停止状態で急速に凝集していく日本人の精神構造と行動様式にそれはよく現れている。天皇というシンボルのもとで「天皇陛下万歳」と言って米英大国を相手にその力量をも見極めず無謀な戦争にのめり込んでいったのもつい直近の過去である。

今日においても、この特徴は現代的な装いのもとで生き続けている。かつての権力者・権威者で、いまはこれといった実績もない超高齢者が公共諸団体から地方の小グループに至るまで招請されてその頭に居座り、ただそれだけで個々のメンバーは素直にそれに従い、組織や集団もうまく収まっていく姿は日本の至るところに見られる。この特徴を天皇制と言うなら、仮に憲法から天皇条項がなくなっても天皇制は簡単にはなくならないであろう。

日常生活で誰もが体験する卑近な例を挙げてみよう。ここでも、あるシンボルが与えられるとそれに向けてわれ先に凝集していく例はこと欠かない。普段は見向きもされなかった歴史遺産が「世界文化遺産」という権威のお墨つきを得るやたちまち黒山のような人波みに囲まれる。伊豆の国市にある韮山反射炉はたまたま近くを通ったことがあるが、あまり人は見かけなかった。それがこの間行ってみたら、登録（二〇一五年）されて三カ月あまりというのに大型観光バスが県外からも次つぎに押し寄せる。目的の遺産自体はわれ先にと押しかけて観るようなものではない。にもかかわらず、珍しい見せ物が突然現れたかのように人波みが絶えない謎を解く鍵は、権威のお墨つきを得た目的物をともかくもひと目みたいという人並み競争というか、同調が同調を呼び、ついにはそういう同調行為そのものが目的化され自己増殖していくからである。

これが日本人の集団的凝集性の背後にある論理である。本書でもすでに取り上げているが、かつてこういう行為を「同調競争」と規定し、日本人の行動と文化を分析したことがある（前掲拙著『日本的集団の社会学』五〇―五一頁)。これは単純な打算だけでは理解できないものであり、やはり日本の集団構成の原理と深くかかわっていよう。

それが物見遊山や趣味の世界に留まっている場合はまだしも、政権(政府)と国民大衆の間にそのまま現れると大変に危険であろう。そういう状況がすでに見え始めているように思われる。

外を見渡せばＩＳなど過激派の蔓延、煽られる中国の大国化や北朝鮮の脅威、内にあってはいまだ進行形の東日本大震災や格差社会の矛盾とひずみなど一向に解決しない状況が続き、加えて原発問題への不安や危機感なども渦巻いている。こうした閉塞的な状況下で、与野党の議論も全く成果の出せない事態に業を煮やした人びとの中には、結局は頼れるのは権力をもつ政権であり政府だという短絡的潮流(社会状況)が見え隠れしている。問題をつくり出した元凶にさえすがろうとするのは、もちろんメディアを介してのシンボル操作も深くかかわっている。その延長上に、こうした内外の難局を打開するためにはやはり政府の言う安保法制の強化や共謀罪の新設、さらに改憲によって国家を強くする以外にないという虚構的論理が当然視されるようになる。権力・権威への同化である。これは最近の内外に及ぶ閉鎖的保護主義の蔓延とも関係するであろう。

序章でも指摘したように、これは容易に無意識下の集合意識に発展し、そうした方向を目指す政府の足を引っ張るものを異端視し、追放しようとするまでになりかねない(社会状況の転換)。かつて戦中においては、こうした流れの中でその抵抗者を売国奴や国賊というシンボルに仕立て上げて攻撃した。そういう悪夢が再び正夢にならぬという保証は何もない。

2　共同体と共同態の異同性——共同体原理の再構成＝現代的共同態

(1)　共同体の超時代性

「共同体」の使われ方

さまざまな組織や集団、団体や機関、また小さなグループ、さらにはそれらとの関連で成り立つ未定形の社会的状況に至るまで、その底辺（深層）あるいは背後には日本独特の集団構成の原理が働いていることを示した。メンタリティ（心性）をも含むその行動様式はどこに究極の源泉、あるいは原型があるのだろうか。誤解を恐れずに結論から言えば、日本のかつての村落共同体だと言えよう。もちろん、村落共同体が今日そのままの形で残っているわけではないし、またそれが事例に示されるような短所（マイナス面）にのみ覆われていたわけでは決してない。短所を多く現わすようになったのは、それが資本の論理に深く浸潤されてからである。後に詳しく展開するように、その具体的な形象がとりわけ集列型共同態である。これは共同体の原理を引き継ぎながら共同体とは別の存在に転化・再編成されたものと言ってよい。

これらについては追いおい明らかにするが、ここではとりあえず次の点だけを指摘しておきたい。現代の日本は工業社会や商業社会さえ超えて、大地とは無縁のような高度情報社会、あるいはネット社会などと称されるものの、かつては農業立国であり、都会の人間も二代、三代と遡れば山村、漁村を含めての農村（村落共同体）にルーツをもつものが圧倒的に多い。その〝遺伝子〟を引き継いでいる。

ところで「時代」の限定をはずしてよく用いられる共同体という言葉自体は、わが国になじみがあるのか、今日でもプラス、マイナスさまざまな意味を込めて使われている。共同体のプラス面という点で言えば、戦後日本には大きく分けて二つの波があったように思われる。一つは戦後「民主化」の裏面に進行した個人化とエゴイズム、それが企業の集団エゴイズムに結びつき多くの人間疎外や公害をもたらした。その反動として一九八〇年代に入ると、日本の伝統的な文化や共同体の回復が課題となり、さらに日本の経済成長は「日本的経営」（共同体と緊密）によるとまで主張するエズラ・ヴォーゲルの『ジャパン・アズ・ナンバーワン』（一八七九年）が人口に膾炙した。第二の波は二〇一三年の東日本大震災を体験して日本人のキズナと連帯が叫ばれたが、これも助け合いの精神であり、共同体的発想と言ってよい。

ところが、ときの経過とともに共同体がもつ人間関係の煩わしさや自由の束縛が意識されると今度は逆にそれへの反発が強まり、人びとは次第に共同体から離れていく。もう東日本大震災でのキズナや連帯もほとんど聞かなくなった。共同体のマイナス面のみが強調される。これについては特別に時代の波というような現象は見られないが、共同体信仰が行き過ぎると今度はその反動として欠点のみが気になるのであろう。この繰り返しと言ってよい。顧みて、共同体への反動が最も象徴的に示されたのは戦中の国民一体的国家主義（ナショナリズム）からの解放が強調された敗戦後の一時期であった。

その歴史的限定

このように共同体という言葉は、前近代から近代を経て現代に至るまであらゆる時代に通用し、またそれは時代によって賞賛されたり、反撃の的となったり、さらにはその人の嫌悪感や執着心など勝手な意味を込めて使用される。大変便利な言葉ではあるが、これでは共同体にとっては大変に不幸なことであろう。一時的な評論活動には好都合としても、その概念の上に精密な論理を展開することはできない。やはりその概念内容をはっきり規定することから始めねばならない。そのためには先に示唆したように、村落共同体にまで遡ってその原理を探ってみることが不可欠である。

この点に関しては、共同態とともにかつて詳しく分析したことがあるので（拙著『共同態の社会学――人間性の呪縛と解放』とくにⅡ章）、改めてその基になった資料を読み直し、ここでの新たな文脈に沿う限りで要点のみを取り上げていきたい。したがって同じ資料（史実）を前提としても、今日の時代状況との関係で論理を新たに読み替えたり、別の視点から組み直したりするところも出てくるであろう。

日本の共同体原理の問題に入るに当たって、まずは大塚久雄にならいつつ――それは日本の場合に限定されないが――共同体と共同態の基本的な区別とその関係性をはっきりさせておきたい。

(2)　共同体と共同態の概念規定――大塚久雄にならって

共同体の概念も、もともとはかなり正確に規定されていた。それを知るためには、まずこれを歴史的な経過の中においてみる必要がある。その点で大塚久雄の共同体論はそうした歴史的輪郭をつかむのに大変参考になる。彼はマルクスの「共同体」論をふまえて次のように述べている。

共同体には、これを無階級の「原始共産体」(Urkommunismus) と同一視する見方があるが、ここではそれを『原始共同態』(Ursprüngliche Gemeinschaft) との歴史的連関をもそのうちに含めながら、いっそう広く、その後封建社会の終末にいたるまでの広範な期間にわたってつぎつぎに継起する生産諸様式――(略)――の土台あるいは骨格を形成した『共同組織』(Gemeinwesen) 全般」を意味するものとする。

ここでいう「共同組織」には、続く文章からすると、その時代によって異なる具体的・個別的な「共同体」(Gemeinde) とそれらを貫く共通の集団性の「外枠」(骨格) としての「共同態」(Gemeinshaft) の両者が含まれている。もちろん両者は実際には一体のものであるから、総体として共同体という場合にはこれでいいのかもしれない。しかし精密な分析のための概念としてこれを使用するためには両者を分けることが必要であろう。すなわち「原始共同態」から封建社会の終末に至るまでの間に継起した具体的・個別的な「共同体」(Gemeinde) と区別して、そこにはこれらの内に含まれ各共同体を本質的に支える共通の「集団性の外枠」としての「共同態」

(Gmeinshaft) が同時に（共同体につきまといつつ）存在する。

この点は大塚久雄自身がすでに次のように述べていることからも明らかである。「社会関係の基本が『共同体』の形態をとっている限り、その根底にはともかくつねに原始的な共同態がなんらかの『共同組織』として生きのびており、その集団性のいわば基本的な外枠を形ずくっている」（傍点略）。そして共同態は共同体と異なってつねに「経済外的」（経済外的規制に通じる）な性格を帯びざるを得ない（大塚久雄『共同体の基礎理論』四―五、一九―二〇頁）。

なお、マルクスについては後に触れる機会もあるが、ここでは原始共産態などの分析が目的ではないのでマルクス自身の問題提起についてそこまで遡ることはしない。

ここには共同体の概念を取り上げつつ、同時にこれと区別する形で後に重要となる共同態概念のおおよその輪郭がすでに規定されている。すなわち共同体は具体的・個別的な生活共同組織であり、共同態は個々のそうした共同体に共通するその「骨格」であり「外枠」だということだ。あるいはその本質と言ってもよい。もちろん本書では経済史学のように「共同体」を資本主義的な生産様式の発生以前に限定せず、また「共同態」を封建社会どころか、それから遙か隔たるその後の資本主義社会（現代）までをすべてカバーする概念として使用することになる。

ちなみに、藤田省三も近代以降を念頭におきつつ大塚久雄にならって「共同体は『部落』として個別的・具体的存在であり、共同態は共同体秩序原理によって構成される、より一般的な社会形態である」と言っている（藤田省三『天皇制国家の支配原理』一〇、一九、四〇頁）。したがってこれも後に詳しく展開するように、共同体的な原理（村落共同体の秩序原理）が貫き内在化されれば、国家をはじめ企業や団体までもが国家共同態、企業共同態などになるということである。

本書において、これから問題になるのは日本の村落共同体であり、その「骨組み」あるいは「外枠」としての共同態である。この骨組みあるいは外枠というのは、実体としての共同体から抽出される「本質」（構成原理）と言い替えることもできよう。それは現代の組織や集団の中にも強く根づいている。まずは日本の共同体の原像としての村落共同体に対象を移して考えてみたい。これらについてもかつて詳しく展開したことがあるが、先に触れたように改めて原資料を読み返し、ここでの課題に沿って要点を整備し直したい（前掲拙著『共同態の社会学』Ⅱ章）。

(3) 村落共同体の三原理——原典の解読から

江戸時代以降、昭和時代前半ごろまでを中心に伝統的に維持されてきた日本の村落共同体については柳田國男、鈴木栄太郎、有賀喜左衛門の詳細な村落実態調査資料がある。これらの資料を読み込んだ中から次の三つの原理を抽出した（引用文中、文意を損なわない限りで旧漢字を新漢字に、旧かなづかいを新かなづかいに改めたところがある）。

①　互換的共同関係の原理
②　集団聖化の原理
③　同統的序列関係の原理

それぞれについて、前提となった事実（といっても、ここではほんの一部きり提示できないが）をふまえながらその概要を説明していきたい。なおこの名称も内容をにらみながら仮につけたものである。

① 互換的共同関係の原理——助け合う美徳と排他性は紙一重

日本の村落共同体はメンバーが相互に依存し合うところから集団的結束力が強く、その仕組みに特徴的な点が見られる。しかもそれは資本主義段階に入って以降も長く存続した。そうした仕組みとそれが生まれる理由について鈴木栄太郎は五点ほど挙げている（四点にまとめた）。(イ)水田経営に従事してきた日本の農民は「灌漑排水のための協力」を不可欠とした。その団結力は強く、感情的要素も加わり「利害に反する他者に対しては排他的」でさえあった。(ロ)水田は土地に対する多大な労働力の投入を必要とするため、土地への「執着」は強く、したがって一定の「土地に定着する傾向」（地縁）を助長した。この「地縁」に「特殊な婚姻習俗」からくる「血縁」が重なった。(ハ)さらに江戸時代の村治制度における「一村連帯の制度」に加えて、地域の人びとの「共同防衛」が不可欠であった。(ニ)生活のあらゆる方面で村民は「社会的に等質」だった（鈴木栄太郎『著作集』〈I〉一〇四―一〇六頁）。

しかしこれらの事実から、共同体を全くの「自閉体系」（closed system）とのみとらえ、その中に個が完全に埋没してしまい、何らの個人化契機（主体性）も見出すことができないと即断するのは誤りである。実はそこが村落共同体の重層的なところであり、先に集団結束力に特徴的な仕組みが見られるとした点である。共同関係が強く、ときに個人も家も無制限な甘えを通して盲目的に流されていく方向を抑止するための装置が共同関係自体の中に働いていた。それはユイ制度の中に象徴的に見られる。

同じく鈴木栄太郎によると、ユイは「労働の提供に対して一定の権利を相互に認める制度」であり、提供された労働に対して必ず反対給付がともなうべきであるとする一種の「権利義務の冷厳な制度」であった。「農村がきわめて共同社会的隣保共助的であったからこそ……その援助の限度を示し、家の経済の独立と尊厳を維持するために是非かくの如き冷徹な制限が必要であったであろう。いかに親しくとも借りたものは返す、助けられたら助け返す事の必要性が日々の生活のうちに痛感される」からである（同著作集〈Ⅱ〉四〇七—四〇八頁）。なお、柳田國男もユイの「合理性」について語っているがここでは省略する。

このように共同関係が強く、ときに個人も家も無制限な甘えを通して盲目的に固まり、流されていく方向を抑止するための装置が共同関係自体の中に働いていた。いくら馴れ合い、親しくとも「借りたものは返す」「助けられたら助け返す」という標題の「互換的関係」が貫いていた。今日でも見習うべきモラルであろう。無制限に馴れ合い甘え合うことは、上下関係が必然化するのが世の常である限り、裏を返せば力の強いものに無条件にすべてを委ね従属していくことに他ならない。そのような短所も多く見られたであろうが、しかし同時に村の非合理性自体が共同体を媒介として実質的合理性を生み出していく逆説を理解しなければならないであろう。これを「互換的共同関係の原理」と呼んだ。

②集団聖化の原理——集団をつねに上位と見る日本人の習性

土地をベースとする村人同士の共同関係はかけがえのないものであり、それがあってこそ個人の生活も成り立つ。そこに必然的に個人よりも集団を優先しようとする心性が生まれてくる。日本には古くから集団と個人の関係を聖と俗の関係でとらえる考え方があったが、ここではそれが生活の基盤と結びついて切実な問題である。

しかも、そうした生活基盤を支える土地や財産は代々の先祖が残してくれたものであり、先祖は神（守護神）として共同体を守護してくれるという氏神信仰が集団の神聖性を一層高めていった。有賀喜左衛門は次のように述べている。「鎮守というのは氏神の基礎観念を示している。……それは一氏族の守護神であるがゆえに……基本的に領域と結びついていた」（有賀喜左門『著作集』〈Ⅳ〉六六―六九頁）。このような氏神によって守られる集団や領地が神聖性を帯びるのはごく自然であろう。しかもここで注意しなければならないのは、氏神と先祖が同一であるとする見方は、氏神というものの領地との結びつきからして先祖の観念が必ずしも血統を基礎としないことを示している。すなわち、それは先祖の観念が必ずしも血縁関係を基礎としなかった。言い換えれば「家の系譜は日本においては血統という生物学的事実をこえる社会的心理的観念であることは疑うことはできない」（同著作集〈Ⅶ〉三三三―三三五頁）。氏神はまさに血縁を超えた共同体のシンボルであると言ってよい。

この氏神については柳田國男も次のように述べている。苗字の分布から分かるように、日本の村はわずか二〇〜三〇戸の小さな村であっても同じ一族で独占しているものは少なく、そのためにかえって「共同利害と協力の必要とが、共同の祭神を勧請する心理を村人の心に生ぜしめるので、氏姓の違った寄合いが、一つの産土（うぶすな）神を祭る」ようになったのである。しかも村人の中でも有力なものの氏神（先祖）を村（集団）の氏神として祭ったり、また有名な第三者のそれを勧請することも多かった（柳田國男『全集』〈第一五巻〉三五六―三五七頁）。しかし後になり村が拡大するにつれて、そうした全体の氏神信仰とは別に（並行して）各家々が文字通りの先祖を祭るといういわゆる先祖信仰も次第に多くなっていく（同全集〈第一〇巻〉一〇一頁以下）。

これから見えてくることは、いうまでもなく氏神信仰を媒介として生活の基盤としての共同体を何よりも大切にし、集団を聖化していく思想や心情である。同時にそうした思想や心情は単純な血縁関係のみによって自然に生まれるというより、氏姓の異なる他者を含むことで人為的にも強化されていった。ここでも共同体は単色ではなく〝他者〟を含むその重層性を理解する必要があろう。個が同質的な固まりとして聖なる集団の中に埋没してしまっているという常識だけでは割り切れない。もちろん集団（全体）上位からくる弊害も多くあったと思われるが、集団が特定の権力（者）から離脱した一種超現実的な普遍性（聖性）を帯びることで、そうした弊害が中和されたと言ってよい。この点では集団と権力者が無媒介に癒着する今日の政党組織などの方が問題は大きいとも言える。これを「集団聖化の原理」と呼んだ。

③ 同統的序列関係の原理――現代の「叙勲褒章」に見る身分階層制

共同体も等質性が強いとはいえ、それぞれ力の異なった、ときの出自の違う人間の集まりであり、それが集団としてまとまっていくためには、そこにヨコの関係だけでなくタテの関係が生まれるのは当然のことである。しかしそれは第一に挙げた強い共同関係と第二の集団聖化の規範を前提とすれば、単なる西欧的な意味での上下関係ではなく、一体的な集団所属（共属）を前提として結ばれる一種の本末的な関係と言うべきであろう。

有賀喜左衛門によれば、氏神自体も各同族団（村）ごとにそれぞれ本末の系譜につらなる上級下級の氏神鎮守（守護神）として存在し、それは超人的能力をもつものとしてとらえられていた。しかしそれは同時に「濃厚な人間の模写」であり、現実内在的な集団のシンボル（頭）でもあった（同著作集〈Ⅳ〉六五―七〇、三一四頁）。氏神が生身の人間の「模写」であるとすれば、逆に神々の序列は一層強く現実の集団間ないし集団内（共同体）の人間関係に反射し、そこに自ずから本末の遠近による一種の階層的序列関係を生み出していくであろう。

このことは、そういう氏神の存在を要請するような社会的・経済的条件が日常的な生活自体の中にあったことを示している。それは氏族の関係によく現れており、この点有賀は次のように述べている。「日本の氏族とは生活上（従って政治上でも）密接な上下関係（主従関係）が生じるとき、氏神または氏寺信仰を媒介として同統意識（同族意識）に結びつく関係である」（同書、三三九―三四一頁）。すなわち生活上の関係から上下関係が生じるが、同時に上位者も下位者も氏神を媒介とする同じ氏族（集団）に所属するという一体感によってそれは「同統関係」に強く彩られた集団となる。氏神自体の序列関係もそれを一層リアルなものとしていったであろう。このような上下関係を必ずしも単純に「封建的」と言うことはできない。むしろそれは日本人の「民族的性格」とさえ言うことができる（有賀喜左衛門『著作集』〈X〉三三一—三七、二〇二—二〇四頁）。

西欧的な上下関係が、しばしば冷たい支配と服従としてとらえられるのに対して、共同体に象徴されるような日本の上下関係が親子・兄弟的な親和関係となるゆえんである。しかしこれは紙一重の違いで、上下関係が庇護と奉仕の関係に逸れてしまい、身分階層的な関係に陥いる危険性を常にともなっていよう。

今日でもヤクザ集団をはじめとして、会社、政党はもちろん、官僚組織の中にさえその片鱗を見出すことができる。近代組織を誇る中での官僚のキャリア、ノンキャリアの区別などは象徴的であり、同じ官僚組織の中の身分的差別の響きさえする。また「勲功・功績」のあったものに国家（共同態）から授与される叙勲や褒章のもたらすものもこの延長上でとらえることができよう。とくに叙勲にあっては毎年、春（秋）の名物行事のように受賞者の「喜び」の姿がテレビに映し出され、等級（国家共同態からの〝血統〟）付きの氏名が紙面を飾る。勲功もその序列（等級）も「各省庁の長からの推薦に基づいて内閣府賞勲局が審査する」としているが、それ以上は闇の中である。実質上は政府や省庁を代弁する官僚、ないし官僚まがいのその世界のボスが選定・推薦にかかわっているのであろう。まさに閉鎖同族的な国家共同態の中の同統的序列関係形成の現代版である。身分階層とまではいかないにしても、そこには内輪の中の背比べといった湿っぽさが常につきまとう。日本における賞（章）などというものの宿命なのであろう。私事にわたって恐縮だが、こういう経緯についてはかつてその候補推薦を辞退した経験からも実感として理解できる。

こうした現代的特徴をも含めてこれを「同統的序列関係の原理」と呼んだ。この中には前二原理が未定形のかたちで含まれている。ここで間違ってはならないのは、村落共同体の場合にはそれが弊害をともないながらも生活の基盤としての共同関係を守るために——すなわち個々のメンバーの生活のために——必要だったことである。しかし現代の同統的序列関係は先の叙勲褒章制度が示唆するように、権力に好都合な疑似共同関係（後の集列型共同態）の維持に向けてメンバーの差別化を必然化する形で機能しているようにしか見えない。これは後にも見るように、日本の政党組織とそのメンバーの序列関係でも似たところがある。

ちなみに、とくにこのような国家による叙勲褒章制度については、日本国憲法公布に先駆けて構想・提起された鈴木安蔵らの「憲法草案要綱」の中では国家からの「爵位勲章その他の栄典は総て廃止す」（現代用語に改める）とはっきり否定されていたのである。人間の差別を固定化するからであろう。それがいまや華やかに復活している。この点は後にも取り上げる機会がある。

わが国の村落共同体から抽出される三つの原理的属性をその背景的事実とともに説明した。互換的共同関係（ヨコの関係）と同統的序列関係（タテの関係）とが集団聖化の規範を軸として相互に媒介し合いながら結合し、そこに一体性の強い共同体をつくり上げてきたと言えよう。その長所と短所をも含めて、ここにはすでに例示してきたような三過程原理を貫く今日の日本的集団の原型がつぶさにかいま見えるような気がする。言うまでもなく、これらの原理は村落共同体の消滅とともになくなってしまうわけではなく、多くは近代化の中で歪められた形で、あるいは資本の論理とともにその原理が悪用されつつ現代日本の集団や組織の中に再生産されていく。もちろん長所として引き継がれている面も多くあろう。そしてそれらが共同態という形をとることはすでに示唆してきた通りである。

3　現代社会と集列型共同態――日本政治の深層構造

(1)　集団性の外枠としての共同態

原風景としての共同性

村落共同体の性格とそれを貫く原理について要点を分析した。今日の観念からすれば、それ自体長所も短所も多く目につくであろう。その原理を受け継いで構成される共同態の問題に移る前に、ここで改めてそうした長短併せもつ共同体の原風景の一端について紹介してみたい。

短所については、いまでは常套句にさえなっている分かりやすいイメージがある。前近代的で封建的だとか、個の権利が認められず集団の中に埋没しており、迷信や陋習に支配されているなどである。多くは偏見をともなっているが、それらが科学的に見て正確かつ適正か否かはまた別の問題である。他方長所については、もちろん学問的研究の成果として明らかになっているものは多いが（前掲拙著でもその一端に触れている）、急速に都市化が進み体験者もほとんどいなくなっている現状では実感としてなかなか伝わりにくい。

ここに戦前（一九三八年）から戦後（一九四六年）にかけ、名古屋での「強制収容所生活」を含めて八年間日本に住み、当時の農村の姿（共同体）をつぶさに体験したイタリア人作家・ダーチャ＝マライーニの寄稿文がたまたま目にとまったのでごく一部を紹介してみたい。なお、作家は民俗学者である父親のアイヌ研究のため一家で来日していた。強制収容はナチスドイツと同盟する故国（日本も同じ）に抵抗したためと思われる。外国人の目を通して見ることで、その特徴がより鮮明に映し出されている。

「……収容所の鉄条網をくぐり抜け、農家で蚕の世話を手伝い、ジャガイモや卵一個、牛乳をコップ一杯もらった。農家の人たちは戦争に反対だった。……私たちはナチスドイツの傀儡だった自国の政府と考えが違うだけだった。収容所では多くの苦しみに耐え、不正を体験したが……あの貧しい農村から寛大さと友愛の力が湧き出たことを学んだ」。「……乳母だったモリオカサンの夫は広島から血まみれで戻ったが、生きのびた。爆弾だ、との報せに、負傷者を助けようと、人びとが道にあふれた。……あなたの国では助け合いが倫理的社会的義務だから。……助け合いこそあなたの特質。節度ある、協調的で有効な連帯だ。……誰もがいつも他者の存在を気にかけている。私たちヨーロッパ人の個人主義とはほど遠いことだ。……私的なそれを凌駕する全体的な連帯精神。それが日本人を常に驚くほど他者に対して敏感に、注意深くさせている。……むろん、あなたの国にも、横暴な人間がいないわけではない。でも、連帯の教育があなたの国民の大多数を共同体の価値に対する際立った自覚へと向かわせている」（『朝日新聞』二〇一五年六月九日）。

やや褒めすぎの嫌いもないではないが、むしろ外国人の目から見たかつての農村共同体の実感が素直に伝わってくる。もちろんこうした長所も第三者の見方であり、共同体を生きる当事者にとっては長所も短所も含めて、それらはまるごと生活（存在）そのものであった。

共同体の長所について、日本での農村生活を体験したイタリアの作家・マライーニの記事を紹介した。これは時代から考えると、共同体の長所がまだこの段階には生き生きとして残っていたということであろう。というより、これはむしろかつての共同体の長所を多く引き継ぐような、続いて取り上げる現代的な一体型共同態と言うべきかも知れない。彼女の場合には記事から見る限り家族主義という表現はないが、とかく西洋人には日本のこのような特徴を家族に結びつけて説明するものが多い（日本人も同じかも知れない）。

例えば米国人のＭ・ヘッチャーは次のように述べている。資本主義社会では一般にアノミーや階層対立などからくる統治不全が起こって社会的連帯が確保されにくいが、そういう中にあって「日本は高いレベルの連帯を確保している。……（それは）一般に社会関係をできる限り家族、あるいは疑似家族の関係になぞらえてとらえようとする日本の一般的な傾向が、厳しいゲゼルシャフト（企業体や官僚組織）の中にまで暖かい情緒とともに深く浸透しているからである」（M. Hechter, Principles of Group Solidarity, p. 178-179）。これも現代についてさえ、日本の「連帯」（集団的統合）の原理を家族主義で説明している。

しかしこれだけだと誤解が生まれやすい。たしかにそういう側面は否定できないが、すでに明らかなように、その底にはかつての生産様式と結びついた村落共同体の原理が潜んでおり、さらに続ていて取り上げるような、その原理をふまえた共同態の長短所を含めての特質が日本の企業体や官僚組織にまで深く浸透している。これらは家族に遡るだけでは説明できない。やはり家族的連帯（家族主義）を超えたより広い歴史的視点の導入が必要であろう。

共同態の概念規定

さて、村落共同体から抽出した三原理は大塚久雄にならえば共同体（ゲマインデ）がもつ集団性の「外枠」（ここでは骨格とも称した）に相当するであろう。そして概念上そうした「集団性の外枠」がまさに共同態（ゲマインシャフト）だということになる。しかしこれでは抽象的な「外枠」（原理）が一人歩きするようで表現が不適切と思われる。したがって、ここではそうした外枠、すなわち三原理によって新たに構成される集団を共同態というように読み替えたい。そうすることで、先にも触れた藤田省三の解釈ともほぼ重なる。もちろん、それは何よりもこれからの論理展開のためである。

それからもう一つ大塚久雄と異なって、ここで言う共同態は日本の村落共同体から抽出した「外枠」（原理）によって構成されるので、いわば日本的共同態とも言うべきものである。したがって、以下では共同態という用語は主として日本的共同態の意味として使用する（もちろん、国を問わず同じような内実があれば共同態として一向に差し支えない）。

ちなみに、今日では村落共同体を支えていた土台としての土地（地縁）も鎮守も、またときに地縁関係や血縁関係もなくなるか、痕跡を残すのみとなり、したがって本来の意味での共同体は死語に近い。しかし前にも指摘したように、共同体という言葉は時代を超えた便利な言葉として巷に氾濫している。おそらく多くは共同体が消滅した後にもその本質（骨格）が現代的な共同関係の中に受け継がれ再生産されていくからであろう。それは定義からすればすでに共同態と重なっている。しかし科学的に分析を進めていく場合には、両者の出自と概念の違いは常に念頭におかねばならない。

(2)　共同態の四類型——秩父事件から「原子力ムラ」の人間関係まで

共同態にもさまざまな類型がある。歴史的な実在そのものとしての共同体に対して共同態は共同体三原理によって構成されたものである限り、三原理をどう解釈するか、またそれぞれの強度や質、さらにそれらの組み合わせ次第でその内実にはかなりの違いが出てくるからである。それがまさに共同態の類型論であり、その中のあるものは集団や組織を乗っ取って現代社会を根底から規定するほどの影響力をもっている。共同体の固定的イメージと異なって共同態論のダイナミックな威力が発揮されるのはこの類型論によると言ってよい。

類型構成に当たっては、これらの特色を念頭にあらかじめ二つの軸を設けたい。一つは、歴史的経過としての近代化（現代化）の進行にともなって現れる人間関係の未分化な同質性から分化した異質性に至る軸で、「同質化—異質化」としたい。もう一つは、そういう環境・状況の変化

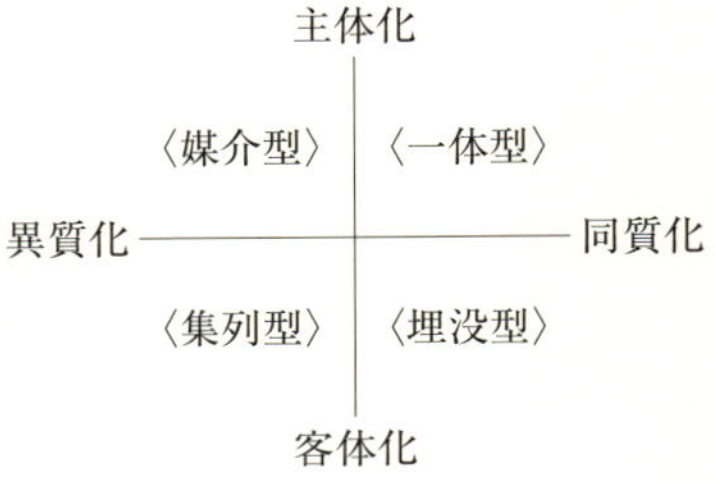

の中でどのように人間性が解放され、あるいは呪縛されていくのかという学問研究の普遍的な課題と関係する。それをここでは人間的主体性が伸長するのか（「主体化」とする）、逆に抑圧されるのか（「客体化」とする）という軸でとらえ、「主体化―客体化」としたい。

　ここでこの「主体性」について念のためにつけ加えると、それだけが強調されると「自己決定性」という意味になり、単なる即自的な主張や個別主義的なエゴイズムと混線してしまう。そのような、いわば「私的主体性」はむしろ「客体化」の方に近い。ここにいう主体性は先に人間的主体性としたことからも分かるように、エゴイズムの対自化を通して人間の普遍的な価値に開かれたものを言う。

　両軸を交差させると、図のような四類型の共同態ができる。これはあくまで理念型なので、これらの中に村落共同体のどの原理がどういう意味でかかわっているか、おおよその想像はできるものの、その因果関係を抽象的に論証することはできない。それはこの理念型を用いて具体的な集団なり組織を分析する際に考慮する他はない。それぞれをごく簡単に説明しておきたい。埋没型共同態と一体型共同態は感覚的にも分かりやすいが、集列型共同態と媒介型共同態は耳慣れない言葉と思われるので内容を少し詳しく見ていきたい（以下の類型説明は前掲拙著で詳しく展開したものであるが、ここでは本書の課題に即してその要点を抽出し、改めて構成し直した）。

①　一体型共同態

同質性が高い集団の場合には、一般に個の抑圧が強く、主体性も低下しやすい。しかし与えられる条件とメンバー一人ひとりの意識次第では、集団の中での個の主体性が維持されると同時にその結束によって集団自体の主体性も高まり、それがさらに個の主体性を高めるという共鳴的な増幅作用が見られる。多くは革命や社会の変革行動などであり、日本の例としては秩父事件における農民蜂起がある。そこではメンバーが身を賭して一体で闘っている。共同体における「集団聖化」と「互換的共同関係」の原理がプラスに働いていると言ってよい。これを一体型共同態と呼んだ。ちなみに責任問題が発生しても、ここでは全員が自らの問題と考えるので誰かを問いつめるという意識さえ起こりにくい。

今日の例で言えば、「不正」にかかわったとされる韓国の朴槿恵大統領とその政権を倒した一番の機動力は若者の持続的な団結力であり、まさにここで言う一体型共同態のもつエネルギーと言ってよい。かたや日本では、憲法を無視・破壊するほどの政権に対しても若者はほとんど動こうともせず、無関心か、しらけたままである。それどころか、「共謀罪」の賛否について高齢者より若者の方に賛成が多いことに象徴されるように、日本の若者は逆に体制没入的なのかも知れない（ごく一部には例外もあるが）。これは後にも触れるように、義務教育段階における「現代史」の欠落とも無関係ではないであろう。

② 埋没型共同態

集団の同質性が高くなると、多くは個の抑圧も強まり、主体性も低下しやすい点は一体型共同態と同じである。その中にあって、さらに個々人の意識が低く、しかも権力者（またその機関）がその集団を支配するようになると、集団自体の閉鎖性とともにメンバーも集団の中に埋没してしまう。むしろ個人はその中で自らを「客体化」することで生かされるとさえ言える。一体型とは反対に「集団聖化」と「互換的共同関係」の原理が主体性を奪い、人間性の抑圧を増幅する働きをする。かつての「家制度」や戦中の「天皇制国家」などである。これを埋没型共同態と呼んだ。責任の問題も多くは権力者（支配者）間の問題で、個々のメンバーはそれを問う資格さえないことが多い。イメージが鮮明に湧くので多くを説明する必要はない。

③ 集列型共同態

これは次の媒介型とともに、近代化・現代化が進行する中で人間関係や集団が次第に異質化し、個の主体性が確保できる条件が整っていく段階に対応する。埋没型、さらには一体型からの解放・開放過程と言うこともできる。しかし資本の論理が貫徹する社会体制下ではそれらはしばしば幻想と化する。むしろそこに現れてくるのは即自的なエゴ、あるいはすでに指摘した「私的主体性」とその相互関係としての共同態であって、時代は一回りして再び新たな「客体化」に直面することになる。言ってみれば、共同体の三原理がそれぞれ資本の論理にさらされて変質し、別次元の世界で再稼働している姿に等しい。

サルトルはそうした即自的なエゴが相克し合うところに生まれる主体の「他者」化された相互関係を「集列性」（sérialité）と規定した（サルトル『弁証法的理性批判』〈Ⅰ〉三〇頁以下）。ここではこの言葉を借りて、このような共同態を集列型共同体態と呼びたい。

集列型共同態はすぐれて現代的な問題とかかわるので、その内容についてもう少し詳しく見ておきたい。実はこれについてはマルクスの共同体論が大変参考になるのでまずその部分を引用してみよう。

マルクスは、そのように変質していく個のあり方を基本的に左右する社会の仕組みを次のように分析している。古い融合的な共同体から解放された「個人は、独立して見え、……たがいに自由に出会い、こうした自由の中で交換するように見える」。だがそう見えるのは、個人が接触し合っている「存在諸条件」を捨象している場合の「幻想」であって、この存在諸条件は「社会によってつくり出されたものであるにもかかわらず、いわば自然条件として、すなわち個人によって統御できないものとして現れる」。そういう社会にあっては、個人は必然的に「客体化」されていくのである（傍点略、マルクス『経済学批判要綱』〈１〉八四—八五頁）。さながら、ここでの議論を誠実にトレースしたかのようである。マルクスの「存在諸条件」はここに言う集列型共同態に対応しよう。

ここからはマルクスを離れるが、「客体化」され、あるいは「他者化」された私的個人（即自的エゴ）のままでは人間は不安定で安心できない。そこに相互の不安を解消し、客体化された主体をかろうじて意味づけるために便宜的な同化・同調に基づく共同態（サルトルでは「集列性」）がつくられる。それに依存し、もたれ合うことで相互に安心するとともに個人の利益もそれなりに守られる。そして誰も人間的主体性をとくには意識せず、あるいは普遍的な価値視点をもたないので、自からを利するそうした共同態の拡大発展のみが至上目的となる。その結果が外部にもたらす弊害などはほとんど認識しないし、したがってまたその場合の責任を誰もとらない。マルクスが共同体論で展開した現実の個人は、このような形で共同態に吸収されていくと言ってよい。

そして重要なことは、そういう潜在的な利害関係の絡む共同態には必ず権力者のボスが立ち現れる。しかし個々のメンバーの打算もその中にあってこそ実現できるので反対者は誰もいない。そこには再び新次元の同質化が進行する。反対者が出れば異端化されていくだけだ。これは質は異なるものの埋没型共同態と一脈通ずるところもある。ここでは個人エゴと集団エゴがバランスを取ってうまく結びついている。かつての企業一家や大国ナショナリズム、あるいは今日の政党理念を失った政治屋集団などを挙げることができる。かつて共同体がもっていた心からの笑い、思いやりや人情、また誇りなどの原風景がすべて消滅し、その形骸だけが内実の醜悪さをカムフラージュしていると言ってよい。その意味で、それは疑似共同体、言い換えればまさに集列型共同態である。

集列型共同態は現代社会の要となる理念型（モデル）なのでやや詳しく説明した。これまで取り上げてきた政界はもちろん、教育やメディアなどさまざまな組織や集団の特質と構造がことごとくこのモデルの真ん中に、あるいはその近傍に位置していることが明らかであろう。集列型共同態というモデルは、そうした現代社会の醜い現実をリアルに映し出してくれる鏡と言ってよい。

④　媒介型共同態

人間関係や集団が次第に異質化し、個が析出していく過程は集列型と同じであるが、ここでは逆にそうした個が「私的エゴ」や「私的主体性」を止揚し、「人間的主体性」に転換・変革できるような共同態が対象となる。現状からすると、多くは未来に創出されるべきものであるが全くの夢というわけではないであろう。この点でもマルクスが示唆に富む分析をしているので再びその一部を引用してみたい。

マルクスによれば、もともと個人は共同的な存在なのであって、その本質の実現のためには「利己的人間」（私的主体性—筆者）の止揚により「人間的生活を自己のものとすること」が必要である（マルクス「経済学—哲学手稿」『世界の大思想』〈Ⅱ・四〉一三六—一四〇頁）。それは決して「利己的人間」の即自的な否定（追放）ではなく、新しいゲマインシャフトの創造を通してこれを「自由」な「主体的人間」にたかめることである。そうした「ゲマインシャフトにおいてはじめて個人は、かれの素質をあらゆる方向に向かって発達させる手段をもつ。したがって（このような）ゲマインシャフトにおいてはじめて人格的自由は可能になる」（マルクス『ドイツ・イデオロギー』一一三—一一四頁）。

同質的集団から分化した個が相互にエゴイズムを抑制し合い、現実の「集列的」関係を止揚することで「人間的主体性」を導くと同時に、そのような主体の対自的同調によってつくられる共同態が逆に人間的主体性を保障する。このような共同態を媒介型共同態と呼んだ。これが一体型共同態とその一面を共有することは明らかであろう。責任問題が起こっても、各メンバーがそれぞれの立場に応じてこれを積極的に引き受ける。

それは古い共同体から解放された私的個を近代市民社会を担えるような市民に変革することをも意味する。共同体の三原理が集列型の場合とは対照的に、資本の論理を克服した世界で生産的に機能している姿を想像することができよう。私的個がことごとく集列型共同態にとらわれてしまう日本の現状からすると、それは皆無とは言えないまでも大変に難しいであろう。

ちなみに、敗戦により米国から輸入された側面の強い西欧型の戦後民主主義は、そのままではなかなか日本に根づきにくいところがあった。もちろん他の条件を捨象してのことだが、今日でも敗戦時に逆戻りしたかのように依然として民主主義の危機が叫ばれるのもここに一つの深層要因があるのかも知れない。この戦後民主主義をここに言う媒介型共同態の論理で止揚することにより（その追放ではなく）、実質的に日本に定着する日本型とも称すべき民主主義が育つのではなかろうか。これらの多くは未来に属するのでここでは例示しない。

共同態の四類型について説明した。繰り返すように、これらは現実の歴史的過程をふまえて構成された一種の理念型（概念）である。したがって実際の集団や組織においてはそれぞれが何らかの程度で混じり合いつつ、他の条件も加わりながら調和的に機能していくと言えよう。もちろん時代により、またそれがどういう集団や組織であるかに応じて四類型の中のいずれかの類型が突出し、リードするということは大いにあろう。またそれと呼応して、共同体三原理の中のどの原理がその中でより優越するのかということもあろう。冒頭で触れた共同体をめぐる混乱も、こうした共同態類型論で整序することができよう。

ここでとくに留意しておく必要があるのは、一体型や埋没型が前近代社会に固有というわけではなく、それが条件次第で様相を変えながら現代社会の集列型や媒介型の中に忍び込むことがある点である。その場合にはそれが集列型、ときには媒介型の促進媒体となることさえあろう。

このような、さまざまな類型を含む共同態が母体（土台）となることで、第１章末と第３章にかけて展開した「包摂と排斥の三過程原理」もうまく生成・稼働することができる。逆に言えば、そうした三過程原理ももとをたどればこのような共同態論に到達する。共同態をそれらの母体としたゆえんである。

最後につけ加えると、テンニエスも言うように今日の社会はゲマインシャフトよりゲゼルシャフトの方が一般化しており、企業や組合、また政治を含む各種の団体から国家に至るまで、ことごとく観念的で人為的な「選択意思」（契約など）に基づく諸機関に覆われている。にもかかわらず、とくに日本の場合には以下でも示すように、その底で共同態的人間関係が隠然たる力を発揮し、これらを実質上動かしていたり、さらにはこうしたゲゼルシャフトの典型としての国家自体が共同態化してしまうことに留意しておかねばならない。テンニエス自身も、ゲゼルシャフトの時代になってもゲマインシャフトは本質的にはなくならず、蘇生すると主張している（Ｆ・テンニエス『ゲマインシャフトとゲゼルシャフト――純粋社会学の基本概念』一六四頁以下）。

(3) 資本の論理と集列型共同態――原発、沖縄、裁判所

このような共同態が現実の集団や組織、また国家においてどのように機能しているか、いくつかの例をふまえながら検討してみたい。もちろんその中心になるのは、すでに示唆してきたように集列型共同態である。またその場合に注意しなければならないのは、集列型がそのままの形で現れることは少なく、多くは媒介型や一体型の外観をまとっていることである。

戦時体制下にあっては、国民が国家のために全存在を犠牲にまでして尽くす「尽忠報国」や「国民精神総動員」運動などが展開された。まさに国民全体のための一体型国家共同態を装いつつ(ときに埋没型さえ取り込み)、その実体は少数の「軍需資本」(財閥)や「特権軍閥」の名誉と打算のためであった。その底には一部の人間の欲望を巧妙に織り込んだ集列型国家共同態が貫いている。しかし国民の目からは国民全体のための一体型としか映らなかった。そして敗戦後は誰も責任を取らず――というより、構造上は責任の所在が不明で――「一億総懺悔」となった。これも集列型国家共同態の本質からくると言ってよい。

自民党政権下のケース

自民党政権は憲法違反とさえ言われる「集団的自衛権」を中核とする安全保障関連法を強行採決で成立させたが、その際に安倍首相が繰り返していたのは「国民の命と平和を守るために必

要」だという文言であった。集団的自衛権を行使するには、大量の軍艦や爆撃機を含む武器を整備しなければならない（実際に行使するか否かと関係なく）。ということは、軍事予算の増大を必然化する。それを受注するのは、かつての財閥系防衛産業を中心とする大企業やその下請け企業であることを考えると、これも「国民全体の命を守る」ために一部の大企業を潤すという集列型国家共同態の特性を否定することはできない。

原発問題についても同じことが言える。「国民の豊かな生活を保障する」ために──すなわち「公共の利益」のために──人間の命と生活を根こそぎ失う危険に目をつぶってまで再稼働を急ぐ裏には、電力資本の増殖とそれに群がる官僚や政治家の打算という冷たい資本の論理を支える集列型共同態の姿がくっきりと浮かんでくる。もちろん、原発所在地域の一部知事や市長が再稼働を承認するところを見ると、地方もまた国と同じ同心円的構造の中にあるのであろう。

国も地方自治体も組織や機関が集列型共同態化する中で、その流れに逆らう意見などは打ち消されてしまう。そして集列型共同態のパイプを通して電力会社に資本が集中するとともに、それに群がる一部の層に直接間接の利益が及んでいく。三・一一前もこの通りであった。「事故」の原因は未解明、一方的に溜まる核のゴミ処理のめども立たず、しかももとの生活に戻れない被害者が大勢おり、いまだ被害は進行形だというのに、これらを一切無視して再稼働を推進しようとするのは、次章で取り上げるように第二次世界大戦における日本の侵略を認めようとせず、またも戦争国家に向けて見切り発車する姿とそのまま重なっている。そして、そのつけは結局は国民に返ってくる。事故を起こした福島第一原発の巨大な廃炉費用（約一三兆円）の七割が国民の負担という。多くを東電が負担するという当初計画の変更が秘密裏に進行していると報じられている（ＮＨＫスペシャル「原発廃炉への道」二〇一六年一一月六日）。

ちなみに、原発禍で避難した学校の子ども達への「補償金が入ったのだろう」とか「近寄ると放射能がうつる」といったいじめが各地に広がっているという。人間として最低限の法的・倫理的な規範（モラル）の崩壊を思わせるものがあるが、その根底にはごく常識的な社会問題に対してさえ全くの無関心・無知という現代的な状況がある。それはまさに大人社会の反映であり、いまや多くの人びとが過去の経験を忘れて無意識裡に原発ムラ的状況（集列型共同態）に取り込まれてしまっていることの証左であろう。

こういう視点から見ると、沖縄の辺野古基地移転問題もまた少し変わった風景に見えてくる。政府は国と地方が「上下・主従」から「対等・協力」に転換した地方自治法の理念を逆転させ、上下主従さながら「日本のために」（抑止力強化のために）東京の機動隊まで使って移転を強行する。この裏には日米関係の維持だけでなく、隠された別の打算とその恩恵にあずかる層がいるのではないかと考えても不思議ではない。それは次のような事実からも十分合理的に推定できる。

いまは土建をめぐる公共工事が抑制されているが、この移転の実現にはそれこそ巨大な公共事業体（大企業とその系列）による巨大な公共事業が絡んでくる。現にこの執筆後、辺野古移設工事の受注業者が二〇一四年衆院選の直前、沖縄の六国会議員（当選前）に計九〇万円を寄付していたというニュースが入ってきた。この業者は移設にかかわる護岸工事を落札し、沖縄防衛局と約二億九千万円で契約した。同様に、移設工事を環境面から監視する専門委員会の四委員が受注業者やその関連法人から計一一〇〇万円余りの寄付を受け取っていたことも分かった（『朝日新聞』二〇一五年一二月四、五日）。「日本のために」沖縄に犠牲を強いつつ巨大なカネが集列型共同態の見えざるパイプを通って特定層に流れていく姿を目の当たりにし、まさに人間性をも破壊する資本の論理の非情性を思わざるを得ない。

その保身と無責任

これらの例を通してもう一つ問題となるのは、政権幹部ないし為政者はそうした政策を押し通すことの不合理、あるいはその政策自体がはらむ日本（国民）にとっての問題性——例えば、いったん原発事故が起きると福島に見るまでもなく、財産や文化どころか地域そのものが半永久的に廃墟となってしまう——を個人としてはうすうす知りつつも、自らの保身と打算のために集列型共同態に身を委ねてしまうからくりである。いったんできた共同態はマスメディアをも巻き込みつつ一人歩きし、それが逆に政治家や為政者をも吸引していく中で、彼らが当初はもっていた有害性の認識も完全に麻痺してしまう。その方が居心地がいいし、無理せずに自らの欲望も充足されるからである。後に問題が起こったときにも責任から逃れることができる。せいぜい「総懺悔」しておけばいいだけの話だ。

集団的自衛権について孫崎享もこれとよく似たことを語っている。一部引用してみよう。「集団的自衛権の行使は自衛隊が米軍の傭兵になるだけで、日本には有害無益です。おそらく外務省首脳のみならず政治家も、その事実を知っている。しかし米国に追随した方が自分の保身にプラスだからウソをつき、ウソだウソだと指摘しないのです。こうした姿勢は、実は日本の太平洋戦争突入前の状況と酷似している。当時、軍や政府の誰一人として米国と戦って勝てるとは信じていませんでした。にもかかわらず彼らはそこでも保身から自分の意見を表明せず、大勢に流されることを優先して破局を招きました。」（「すべての元凶は『日米同盟』にあり」『週刊金曜日』二〇一六年七月一一日、一五頁）。

ここで「大勢に流されることを優先」すること（時の社会状況に乗ること）こそまさに集列型共同態が強いる必然的結果であろう。すなわち、これらの底に三過程原理を含む共同態のメカニズムを据えてみることで、その意味がより鮮明になる。そこには単なる状況の流れを超えた一種の経済外的強制さえ働いている。これは政治や官僚の世界を超えて企業から団体、日常のサークルに至るまで、あらゆる分野にわたり普遍的に通用する日本人の集団文化であり、行動様式だと言ってよい。国政選挙においてさえ、政策より候補者の地域（共同態）とのつながりの方が重要である。時の社会状況に身を任せる日本人の特性とともに、さらにその底に三過程原理を含む集列型共同態を据えてみることで、これらの構造的必然性がより深く理解できる。一見何気ない空気に見える社会状況も、その深層はこのような共同態のメカニズムに支えられているのである。その詳細はここでは繰り返さない。

裁判所も同じ論理で動く

国家レベルの問題が続いたので、もう一つ特定組織における例を挙げてみよう。民主主義の

「番人」である裁判官の世界は通常自由で独立した精神をもち、人権意識に満ちた人間の集まりと考えられている。また、そうでなければ死命を制する裁判官に事件を委ねることはできない。しかし実際には、そうとばかりは限らないことを元裁判官の瀬木比呂志が証言している。これは主に行政分野だが、日本の三権分立は絶望的であり、「司法が行政をチェックするどころか、行政訴訟は住民の勝訴率がわずか八・四パーセントという低さです……裁判官は最初から被告である行政側の肩を持つ姿勢が露骨で、さらにこうした傾向が年々ひどくなっています」。三権分立が機能していたのは一九六〇年代ぐらいまでで、その後自民党が公務員の争議を処罰しない裁判所に危機感をもち、一九六九年に右翼的な石田和外を最高裁長官に据えたところからおかしくなり、戦後の裁判が転換し始めた。左翼的な青法協（青年法律家協会）の裁判官を追放し、官僚的な裁判官が支配的になっていったという。

しかしこうした状況は、単純に国家権力の意思が最高責任者としての長官を通して現れたもの――すなわち、単に長官の権力による――とは言えないところに問題があるとする。石田長官の場合は別として、「現在は長官であれ、誰であれ、特定のリーダーの強力な意思によって動かされるというよりは、むしろシステム自体が意思を持っている。長官自身をも含め個々の裁判官は、結局自分が一体どのようなシステムの内に置かれているのか何も気づかないまま、その内部で上を目指して出世レースを懸命に競っているだけなのです。そしてその結果、裁判官とは名ばかりの権力や行政の番人のような官僚タイプしか全体として残らなくなっている」。個々の例外はあっても、この体制が変わることはないという（瀬木比呂志「司法は〝権力の番犬〟か？」『週刊金曜日』二〇一五年五月一日)。

これを象徴するような事例を最近の原発再稼働をめぐる裁判に見ることができる。これまでも国策に反して原発の運転を差し止める裁判官は異端視されてきた。しかし今度の福島原発の想像を絶する絶望的な被害を前に、福井地裁の樋口英明裁判長は二〇一五年四月一四日、関西電力の高浜三、四号機運転差し止めの仮処分を決定した。判決文はその理由を次のように言う。個人の生命、身体、精神及び生活に関する利益は経済活動の自由に優先する本質的な人格権である。他方、新基準の「規制方法に(は)合理性がない」。したがって「本件原発施設が(基準)に適合するか否かを判断するまでもなく、住民らが人格権を侵害される具体的危険性……の存在が認められる」(要旨、『朝日新聞』二〇一五年四月一五日)。

また大津地裁の山本善彦裁判長も再度の訴訟で二〇一六年三月九日、高浜三、四号機運転差し止めの仮処分を決定した。判決は言う。「関電の主張や証明程度では新規制基準(規制委員会が審査で与えた)や……設置変更許可が直ちに公共の安寧になると考えることをためらわざるをえない」。「安全性の確保についても関電は主張や証明を尽くしていない」(主旨、『朝日新聞』二〇一六年三月一〇日)。今日でも国策に逆らい行政権力に対抗するのは大変な勇気と決断力が要求されよう。

両者ともに司法行政を担う部署に縁がなく、地方の裁判所に一貫して勤務してきたという。ところがこの裁判後、樋口裁判官は行政事件を扱うことのない名古屋家裁に異動(左遷)させられた。山本裁判官も異動待ちということである。そしてこともあろうに、樋口裁判官に代わって福井地裁には林潤、山口敦士、中村修輔の三裁判官が赴任し、合議体として高浜原発三、四号機の再稼働差し止めの仮処分決定を取り消す（再稼働を認める）判決を下したのである。三裁判官とも地方回りとは縁がなく、「最高裁局付きも経験……最高裁事務総局から優秀だと認められ、『エリート法曹』として厚遇されてきた」人達だという（池添徳明「再稼働を認めた裁判官と再稼働を止めた裁判官の素顔」『週刊金曜日』二〇一六年四月八日）。

裁判官は独立自尊、権力に抗してまで自らの価値判断を貫くのを使命とし、そのために厚く身分が保障されていると多くの人が思っている。しかし実像は期待に反して逆に国策に弱く、行政権力に追随するようなシステムになってしまっている。

一方では最高裁事務総局を頂点とする幹部からの隠然たる圧力、しかし他方ではそれ「自体が意思を持つ」ごとく機能する「システム」がこれを受け入れ支えている。むしろこの方がより問題である。これでは三権分立どころではない。そうしたシステムこそまさに保身と打算を秘めた集列型共同態そのものである。

ところで、これらの分析を通してさらに問題となるのは、現実から目をふさいだその閉鎖性によって共同態やシステムの構成メンバーはそれがどこへ向かうのか、仮に国民に多大な犠牲をもたらしても原理上そのことを素直に認識しない――というより、できないような仕組みになっている――ということである。システム（共同態）がそれを当り前とする社会状況に覆われていることもある。自らの行為が何をもたらすか（もたらしたのか）、それが正確に認識できないところに責任の意識も生まれない。原発再稼働の結果、「人格権」を破壊するような重大な事故が発生した場合の責任について、裁判官は考えたことがあるのだろうか。行政裁判も最終的には冒頭に記したように人の生死を左右する。現状から見る限りそこには「状況」に敏感な「偏差値エリート」はいても、自らの行為の結果に対する鋭い感覚と庶民の生活に対する豊かな想像力、したがってその責任を自覚できるような本来の「市民」さえいないと言っても過言ではない。

これまで行政裁判について取り上げてきたが、最後に刑事司法のことにもちょっと触れておこう。よく言われるように、日本は自白を優先する人質司法が主流を占めてきた。しかも起訴された事件の九〇パーセント近くがそのまま有罪となる。そこには冤罪事件が多く含まれるであろうことが予想される。戦後の冤罪死刑囚（刑を執行された者をも含め）の実態調査にたずさわった片岡健は次のように述べている。

「『日本の司法は劣化した』そんな声もよく聞かれるようになりました。……結論から言うと、……そうは思いません。今、冤罪関係の話題がマスコミで取り上げられる機会が増えているのは、以前は見過ごされていた冤罪関係の諸問題が表面化しやすくなっただけ」です。戦後の「事件を俯瞰してみると、警察や検察、裁判所は近年、急に悪くなったわけではなく、何十年も前から深刻な冤罪を繰り返し引き起こしてきたことが改めてよく分かります」（片岡健編『絶望の牢獄から無実を叫ぶ――冤罪死刑囚八人の書画集』二五二頁）。この根底には他者（それも無実の疑いさえある）を死に追いやってもそれを残酷とも悲痛とも感じさせない――人間的感性と責任感情を麻痺させるような――警察、検察、裁判所それぞれの集列型共同態（責任を解体するシステム）が根深く横たわっているのであろう。ここでは具体的な分析はしないが、その本質は行政司法の場合と全く同じと言ってよい。

第4章

戦争犯罪の責任論再考

——戦後民主主義の原点

1　罪の解体と責任認識の不在

(1)　組織の共同態化と責任の蒸発

戦争の開始と終結

組織や集団が多かれ少なかれ共同態化していく日本の社会で、重大な問題が発生した場合の責任関係はどうなるのであろうか。責任者はいるはずなのに共同態の性格上、個の責任は分散化して曖昧になるのは避けがたい。そうなった場合に、組織や集団が一体となって責任を負うか否かである。組織や集団が最終的に責任を負う場合には、個々のメンバーにも応分の責任が還元されるのでそれなりに理解できる（主に一体型ないし媒介型共同態）。

問題となるのは組織や集団、したがってまたそのメンバーとしての個もそれぞれ責任を曖昧にしたまま放置し、直接の関係がない第三者としての国民や地域住民が最終的にそのつけを払わされる場合である。その程度は別として、実際のケースの多くはこの範疇に属している。それは組織や集団が集列型共同態（ときに埋没型共同態）となった場合がほとんどと言ってよい。もっとも国家や自治体そのものが対象の場合には、責任を認めるといっても結局は国民や地域住民に負担は及んでいく。

一億総懺悔によって国家共同態の戦争責任（責任者の責任）がことごとく蒸発してしまい、その尻ぬぐいを国民一人ひとりがしなければならなかった例が象徴するように、こうした日本社会の特性は戦前戦中から続いてきた。日本を誤った道に引き込んだアジア太平洋戦争へのきっかけをつくった満州事変も、柳条湖付近での鉄道爆破を中国軍の仕業にして実際は現地に駐留した関東軍が実行した謀略事件であるが、その責任関係は曖昧模糊としており首謀者は誰も責任を取らない。満州事変をきっかけに盧溝橋事件を経て戦線は中国全土に拡大していった。

その経緯にもう少し詳しく触れると、現地軍による鉄道爆破の実行（主謀者は板垣征四郎・石原莞爾参謀）も上官たる関東軍司令官には事後承認という形でしか報告されなかった。さらにその最上官としての東京の南次郎陸軍大臣、金谷範三陸軍大将もまた事後承認であった。天皇もやむなく承認せざるを得なくなる。もちろん現地軍の謀略も上官の意向を忖度してのことであろう。このようにして上からの命令という確固たるものもなく、ずるずると地獄の門になだれ込みつつ責任を取るものは誰もいない。

この流れは真珠湾攻撃に始まる大戦への突入、そして敗戦の終結まで変わらなかった。吉田裕は次のように述べている。「ポツダム宣言受諾の過程をみると、……開戦に至る過程とまったく同様に、閣議が形骸化されていることである。ポツダム宣言の受諾を実質的に決めたのは、二度の御前会議（天皇と軍部—筆者）であって、閣議（憲法の規定する最終決定機関—筆者）ではない。……閣議は、御前会議の決定を追認しているに過ぎない」（吉田裕『アジア・太平洋戦争』二一七—二一八頁）。これらも自らを取り囲むそれぞれの共同態化した組織や集団の中で責任が蒸発してしまい、その最後のつけ（犠牲）は国民大衆にまわってくる。それは今日でも変わっていない。

満州事変についてはまた後に詳しく触れる機会がある。

新国立競技場と原発再稼働

最近の例を挙げてみたい。二〇二〇年開催予定の東京オリンピック用「新国立競技場」である。旧計画が白紙撤回され、デザイナー（ザハ・ハディド）への賠償金も含め計六八億六〇〇〇万円の無駄な費用がかかったが誰も責任を取らない。というより、そもそも責任体制が曖昧なまま二五二〇億円もの厖大な費用（国民の税金）を要する大事業がいつの間にか進行していった。責任問題が発生するとそのなすり合いとなる。ある幹部は「どこに責任があるかは難しい。全体で負わなきゃ」という始末である。これを検証した第三者委員会の報告書もすべての重要な決定が「誰も独自の決断」をせず、ただ「やむを得ない」という「空気」の中で行われていたと指摘した。その上で混乱を招いた責任については、適切な組織体制を整備できなかった日本スポーツ振興センター（ＪＳＣ）と文科省両組織トップにあると断じた。ＪＳＣと文科省トップが責任を取るなどとうてい考えられず、結局はすべての余計な負担は国民の税金に還元されていく。

新国立競技場問題も、それぞれの段階を含めてすべての組織が〝なあなあ〟の共同態となってしまったことが大きく影響したと言ってよい。そういう状況下にあっては、責任は取らないのに（取るべき制度が確立してない）権力者や権威者が無言の圧力を発揮し、メンバーがその意向を忖度して――全体の空気を敏感に受け止め――ずるずることが進んでいく。まさに共同態の原理そのものである。第三者委員会の報告も、森喜朗（組織委員会会長）らの有識者会議が諮問機関に過ぎないのに「実質的な主導権や拒否権」をもったと断定した（『朝日新聞』二〇一五年九月二六日）。このケースでの検証はできないが、その裏には特定の利害関係が絡まる別の集列型共同態が潜んでいるのであろう。

もう一つ、原発再稼働の例を挙げたい。九州電力は二〇一五年八月一一日、鹿児島県にある川内原発一号機を停止から四年ぶりに再稼働させた。まだ福島での事故で被害者（住民）は過酷な生活を強いられている最中である。その上、原因もまだ検証されていない。そういう中であえて再稼働に踏み切るには、再び事故は起こりうることを前提に相当の覚悟が必要なはずだが、許認可権をもつ政府（菅義偉官房長官）は「新規制基準」について「世界最高水準」のものであり、原子力規制委員会で「基準に適合すると認められた場合は、政権として再稼働を進める」とした。規制委員会にゲタをあずけた感じである。他方、規制委員会（田中俊一委員長）は「絶対安全とは申し上げない。適合しても事故は起こりうる」「再稼働の是非は判断しない」と言う。これまた責任を政府や事業者にあずけた形である。そして一番の責任を負うべき電力会社はすでに稼働体制に着手ししつつ、規制委員会でお墨つきをもらい政府によって再稼働が許可されたのだから、と言わんばかりでる。

こうして三者三様たがいに責任を転嫁し合い、結局国民は煙に巻かれたままで、事故が起きたときにどこが、誰が責任を取るのか一向に分からない。そういう中で責任など無用とばかり再稼働という事態だけはどんどん進行していく。これはすでに痛いほど体験した福島原発事故の責任が、政、官、財、学、それにマスメディアの馴れ合いの中で雲散霧消していった構図とそっくりである。また同じことが繰り返されようとしている。

これらも、それにかかわる組織や機関がそれぞれ集列型共同態化し、その閉鎖体制の中で事故が起きたときには一番の被害者になりうる住民（国民）の視点が忘れられ、身内の利害関係（打算）だけに汲々とする結果である。そういう状況の中では、これらそれぞれの組織や機関をタテに貫く国民への責任などという概念自体が生まれない。

責任のとらえ方も問題

このように日本の組織や集団は問題が起きた後はもちろん、問題が起きる前からすでに責任を取る必要がない、というより取れない仕組みになっている。しかもそれは戦前戦後を通じて変わらない。どんな悲惨な事件や事故が起きても全く教訓にならない。それはすでに明らかなように、共同性（関係）に隠れて特定のところ（多くは権力層）に利益が隠微に流れ、またそのおこぼれにあずかるメンバーが幾重にも群がっているからである。「原子力ムラ」を抱える原発行政を見るまでもない。たびたび指摘してきたように、まさに組織や集団が集列型共同態となっているからという他はない。

この場合、もう一つの重要な問題は責任自体（概念）のとらえ方である。これまで責任は事件や事故が起きて初めて問題化する「過去」の処理（尻ぬぐい）としかとらえられていない。したがって一定の賠償金を払い（それさえなかなか実現しない）、テレビの前で平身低頭すればそれで終わってしまう。当事者はそのことを見越した上で同じことを繰り返すと言っても過言ではない。

それもまた共同態の特性とともに責任が雲散霧消していく大きな理由である。こうした責任のとらえ方と共同態の特性は相互に補完し合っている。

共同態の方は一朝一夕には改革できないが、その欠点にお墨つきを与えるような責任概念についてはもう一度原点にまで遡ってとらえ直さなければならない。それは後に戦争責任の問題とも絡んでいる。既成の概念を踏襲するだけではこの欠陥から抜け出すことはできない。以下では、そこから離脱するための新たな責任概念の発掘について考えてみたい。

(2)　ポジティヴな責任論――法的責任論を超えて

法的責任論

あらためて責任とは何であろうか。おおよそのイメージは誰でも描くことができるが、その構成要因や成立条件から理解しないと本質は分かりにくい。その結果、うまく騙されたり、不必要な責任を負わされたりすることも少なくない。ここで原点にかえり、責任の概念について簡単に検討してみたい。

責任はよく言われるように、倫理的・道徳的責任、社会的責任、政治的責任、法的責任などいろいろあるが、ここではどのような行為をしたものがどの程度責任を取るべきかが制度化されている法的責任を中心に考えてみたい。法的責任にも個人に対する責任（民法）と社会に対する責任（刑法）があるが、後者の刑法的な責任が主に問題となろう。とはいっても刑法上の責任は他の倫理的（道義的）、社会的、また政治的な責任などと無関係というわけでは決してない。とくに法的責任は政治的責任と密接に絡まり合っていることは後に見る通りである。以下、責任という場合は対社会的な刑法上の責任を指すが、社会も個人から成る限り実際には個々の人間に対する責任も対象となる。ただそれは個人の利害関係だけでは終息しないというだけである。

ちなみに、倫理的・道徳的責任（人道問題ともいう）は政治的なやりとり（駆け引き）の絡む政治的責任を超える普遍性をもつ。しかし、それは人心の中の良心という規範に委ねられるので、現実的な実現可能性は必ずしも保証できない。これを法規範として支え、保証してやるところに法的責任の重要な任務がある。もともと法は自然法と実定法を含むが、自然法は普遍的な倫理・道徳とつながっている。法は道徳の最低限とはそのことである。

このような責任の概念とその本質については、これまでにも犯罪行動との関係でいろいろ検討したことがある。以下ではかつて拙著の中で分析したものの要点を抽出し、できるだけ思弁的領域に流れるのを防ぎつつ、本書の課題に合わせていくぶん補足しながら展開してみたい。犯罪は対社会的（対他人的）行為の典型であるから、ここでの課題にも最適であろう。

よく知られるように、刑法では犯罪成立のための要件として「構成要件」に該当し、「違法」で「有責」（行為者に責任がある）であることを挙げている。本書は犯罪分析が主テーマではないので細かい説明は避け、これを以降の分析に沿うように言い換えると次のようになろう。

犯罪とは人が複数の選択肢を前にして、他の選択肢を選ぶことができたにもかかわらず法益（他者の人命や財産など）を侵害するような行為（そういう選択肢の選定）を自らの意思で主体的に行うことである（刑法では罰則とともに、それが条文に規定されている）。ここで人というのはもちろん個人であるが、これをときには組織や集団まで含むものとする。そのような行為をしたものには責任があり、その結果に対しては一定の義務が生じる。刑法では実質上この両者を含める形で責任があるということを「非難に値する」、あるいは「非難することができる」ことだとする。例えば団藤重光は「非難可能性がすなわち責任（Shuld）である」とし、平野龍一も「『責任』とは刑罰という非難を加えるための心理的な要件」だとしている（拙著『犯罪の深層――社会学の眼で見通す犯罪の内と外』一四三―一四四頁参照。原典もこの中で提示している）。

これは社会の側からの視点であり、加害者から見ればそういう非難に耐える義務（償うべき義務）が生じるということである。これらは加害者の過去の行為を非難・譴責し、その処罰という形での償いを求めるもので、これを私はこれまでネガティヴな責任（論）と言ってきた。この立場からすれば、責任の大きさは過去においてすでに行われた行為とその結果から客観的に計測でき、処罰の程度も決めやすいところに特色がある。ネガティヴな責任論はそうした加害と被害の因果関係が客観的に証明できる点で大変に分かりやすい。

社会学的責任論――ポジティヴな責任論

刑法において、このようなネガティヴな責任が重視されるのは当然であろう。しかし社会学的に考えると、続いて詳しく説明するように責任にはもう少し人間の行為の原点にまで遡って、人（加害者）が過去の過ちを清算しつつ（それで終わるわけではなく）さらにそこから未来に向けて自己を変え（自己変革）、今後どう社会に処するべきか、というよりどう生きるべきかという重要な課題があるのではなかろうか。それはそのまま被害者との関係に反映していく。

人間が過去をふまえて未来を生きる生命体、あるいはそういう歴史的存在である限り、過去の行為が処罰されたからそれで終わりといった単純なものではないであろう。これはもはや外からの形式的な処罰論ではなく、当事者自身の生の必然性（趨勢）にかかわっている。すなわち人間が過去と未来の連続性を生きる限り、現在を生きる生命体の中で両者を無理矢理切断してしまうのは極めて不自然である。法では過去と未来を切り離せても、人間の実存に置いては両者は常に往復運動をしていると言ってよい。それが現実に生きる人間というものであろう。

このような生命体論の文脈に立って責任をとらえようとすれば、法的には被害者と切り離された過去への処罰（国家への謝罪）ですべてが終わったとしても、それを契機にむしろその余韻は生命体内に一層強く残り、被害者と自己をめぐる関係性の底にうずくものの真相を知り、その克服のために人間として何か働きかけなければならないという内的義務感のようなものが喚起されるのではなかろうか。その中には法的次元を超えて、自らをそうした境涯に追い込んだものの正体を知りたいという秘かな欲求も含まれよう。この段階ではまだ輪郭が鮮明でないが、これをポジティヴな責任（その骨格）と呼んだ。

それが他律的な義務としてのネガティヴな責任とは次元の異なるポジティヴな責任論の出発点と言ってよい。そして、その自覚のためには自らが犯した犯罪についても単に結果をめぐる因果論的認識を超えて、被害者の内面にまで入っての了解論的な認識（後述）を必要とする。その認識が正確で強いほどポジティヴな責任もはっきりと自覚される。問題は後にも見るように、そうしたポジティヴな責任が生かされるような環境が現状ではなかなか整っていないことである。

重要なので、ここで改めてポジティヴな責任の内実について敷衍しておきたい。それは自らがかかわった過去の犯罪認識の上に立ち、被害者との直接、間接の関係性をも含めて今後どう生きるのかという、あえて言えば未来に向けての生き方の問題である。内発的な義務感といってもよい。その意味では倫理や道徳に似ているが、そういう抽象的・外在的規範に依拠するのではなく、あくまでそれは自らが犯した過去の犯罪に基づく点で異なっている。したがってまたそれは、他律的な強制によってネガティヴな責任をさらに加重しようということでは決してない。しかし両者は無関係ではなく、ポジティヴな責任が結果としてネガティヴな責任を左右し意義づけることは大いにあり得るであろう。その意味では両者は内的につながっていると言えよう。

そしてもう一つ重要なことは、このようなポジティヴな責任の実践をふまえればこそ、加害者の生き方は長い年月の間には被害者の未来に響く（受け入れられる）可能性も生まれてくる。そのことで加害者自身もまた、「過去」にフタをしたまますべてを押し殺して生きるのとは別異の、もっと開かれた生を歩むことができよう。さらにそれによって、刑法上の責任遂行も嫌悪感をともなった暗いイメージからいくぶんは解放されるのではなかろうか。

卑近な例を挙げよう。母親一人が殺害された場合に加害者の責任は一人殺しをベースに審理が進められる。しかし残された遺族からすればただ母親を失っただけでなく、その後の家族の形は全く変わってしまう。子どもが大学受験を諦めて別の人生を歩んだり、そのことで父親の負担が大きくなり病に伏すかも知れない。これらは法的な因果関係論からすれば審理対象に入ってこない。しかし現実の問題としては、母親殺しという犯罪事実はその家族の内側から見ればこのような切実な未来の射程をも含んでいるのである。

それらが一切無視されて、ただ「過去」への処罰と「国家への謝罪」ですべてが終わってしまったのでは遺族の不満や怒りはなかなか収まらない。加害者からすれば、一人殺しで断罪されてその責任は済んだとしても、その後ずっとうしろめたさを感じたり、居場所のなさを引きずって生きねばならない。それはこの未来にかかる犯罪事実の射程が切り落とされてしまっていることに大きな要因（内在的）がある。そこからの解放のためにも、加害者がこうした被害者（側）の内側に入って、その生を了解論的に共有すること、すなわちポジティヴな責任を果たすということの意味がある。それはネガティヴな責任の過重ではない。もちろん具体的にどうすべきかは個別事件ごとに検討してみなければならない。

この問題は後にも詳しく取り上げるように、国家の戦争責任についても本質は全く同じと言ってよい。むしろ本書の本来の課題はこの方にある。以上の問題提起はそのための前提的な概念枠組の説明と言ってよい。アジアにおけるわが国の戦争責任も、他国から非難されてのやむを得ざる他律的義務（ネガティヴな責任遂行としてのいくらかの賠償）のみで終わったとするのではなく、自らが犯した過去の内的外的事実の射程の上に立ちつつ被害国（被害者）のその後を思いやれるような未来に向けたポジティヴな責任（義務）として取り組むことではじめて被害国との永続的な友好関係も開けてくる。またそのことで、日本も国際社会の中で信頼される国家として新しく生まれ変わる（まさに国家の自己変革）ことができるであろう。そして同時に、そのことによって過去の賠償（ないし資金提供）の意味も相手国に正しく生きた形で受け入れられるのではなかろうか。そこではもはや賠償の多寡などはあまり重要ではなくなってくるであろう。この点は重要なので後にもまた詳しく触れる。

(3)　犯罪事実の了解論的認識

すでに示唆してきたように、このような責任のとらえ方の前提には犯罪という事実をどう認識するか、その真相をとらえるにはどのようにアプローチすべきかという問題がある。因果論は加害者がなぜ犯罪を犯すようになったのかを客観的な要因分析から追究するので、いきおい力点が加害者の視点に傾きやすい。しかし犯罪は相手である被害者との関係性の中で成り立つものであって被害者側の視点、とりわけ外に現れた現象だけでなく、その内面にまで入っての了解論的理解を不可欠とする。これは後にも見るように、国家間でも全く同じである。

このような了解論的認識の可能性は、犯罪行為の発生メカニズムに照らしてみると分かりやすい。犯罪は因果関係から見ると、行為者をとりまく社会環境や家庭環境はもちろん、交友関係や本人の性格などもろもろの客観的事実とその相互作用がもたらす圧力の結果ということができる。しかしこれだけでは犯罪発生の真相をとらえたことにはならない。最近の刑事裁判などを見ていると、精神鑑定偏重からくるのか因果関係を構成する一要因としての加害者の性格の解明だけですべてを割り切っているような印象を受ける。もちろん犯罪の解明には客観的な因果関係の分析は大変重要だが、しかしさまざまな客観的要因（事実）が積み重なったからといって、それが自動的に犯罪を引き起こすわけではない。もしそうなら、それは単なる不可抗力の自然現象に過ぎなくなってしまう。

やはりそういう状況に立って行為者がそれを被害者との関係でどう認識し、どういう目的で（輪郭の見えないものをも含め）、どのような犯行に結びつけるかという内的過程とその決断がなければ犯罪とはならない。そこでは行為者の内面に被害者側の実存像のようなものが多かれ少なかれ投影されるものである。そのときはじめて、先に言う客観的要因の相互作用が生み出す圧力（pressure）は本人の中にこれまで蓄積されてきた不満や苦痛などとともに内面化されて抑圧（repression）となり、犯罪を惹起する強力な要因に昇華されていく。この場合に、ごく大まかに言えば客観的要因の系列を原因、このような内的要因の系列を動機と規定することができる。もちろん、ここでは省略するが原因にも動機にもさまざまな次元がある。

犯罪はこのような原因と動機の結合によって引き起こされるが、その動機理解に犯罪の了解論的認識が不可欠であることもはもはや明らかであろう。

これは戦争犯罪をめぐる国家間の関係においても基本的には同じと言ってよい。日本のアジア太平洋戦争への突入は「自衛」のためのやむを得ざる行為であったとする見解がある。これは客観的な因果関係からする国際情勢の圧力にその責任があるとする立場と言ってよい。しかしそれにしては国際連盟まで脱退し、他人の国にわざわざ侵攻して満州国なる傀儡国家までつくってしまうというのは全く理解できない。やはりこれは国際的な圧力（外圧）を奇貨として、これを日本の内的抑圧（外に向けての団結力とその正当化）に転化し、そこから出るエネルギーで国民全体を侵略戦争に向けて巻き込んでいったというのがその真相（深層）であろう。そして、その場合に日本は被害国（者）をどのようにイメージしていたのか、その際の為政者（軍部）の真の目的は何であったか、さらには被害国やその国民が被る被害をどう認識していたのかという国民の目には見えない内的過程が大変に重要である。その了解論的認識こそ戦争をめぐるポジティヴな責任への出発点である。

もはやくどい説明は要しないと思われるが、犯罪発生にとって重要な行為主体の内的過程（動機の流れ）に顧みることは、とりも直さずそのまま被害者の内的過程への理解とつながっている。客観的な犯罪結果は証拠として重要であるが、その理解・解釈に際してもこのようなプロセスを介することが大切である。このようなアプローチこそ犯罪の了解論的認識であり、そこにはじめてポジティヴな責任も積極的に自覚される。これは国家間でも個人間でも同じと言ってよい。

ちなみに、少年犯罪における保護主義と厳罰主義の因果な対立を解く鍵もここにあるが、課題から逸れるのでここでは取り上げない（前掲拙著『犯罪の深層』六章参照）。

2　問われる人間的感性——国益との矛盾

〈はじめに〉

国家のかかわる戦争犯罪の場合にも、その責任問題にアプローチするためには、これまで検討してきたような視点と枠組が必要となろう。そしてそのためには、加害者の利害関係からいったん離れた被害事実（犯罪事実）そのものに対する厳しい了解論的認識が要求される。そういう認識が可能であるためには、被害者とその内面世界を共有することが出発点となろう。このことを無視したり、そこに故意の欺瞞が介入するとその後の一切が狂い出す。

本書では、こうした視点と枠組から国家の戦争犯罪（被害事実）をめぐる議論の現状と責任関係について検討してみるのが課題である。というより、このような視点と枠組から見ると戦後日本の歩みを規定した原点としての戦争犯罪とその責任処理はどのように映るのかということである。もちろん、その底にはすでに規定してきた集団原理論がある。

歴史家ではないので新資料の渉猟による新規な歴史的分析というわけではない。しかし、これまでに知られた歴史事実（戦後史のほんの一端）も、別の視点と枠組で見直すことでまた違った様相を帯びてくるかも知れない。これは事実のもつ多面性に由来する。言い換えると、過去がなければ現在の存在もないが、しかしその過去も決して固定したものではなく、現在とその上にイメージされる未来への認識次第ではまた別の姿を現わすこともあろう。両者は照応関係にあると言ってよい。

その意味であえて言えば、ここでは広大な蓄積のある戦争犯罪をめぐる議論、とくにその責任問題に何か別異の一説を加えようとするわけではなく、すでに規定した責任概念を戦後史の一端に適用し、その功罪を検証してみるのが差し当たっての目的だという方が適切かも知れない。そこからまた新しい問題も発見されていくであろう。戦後史のいくつかの事実から見ていこう。

(1) 原爆をめぐる加害と被害——日米関係の歪み

原爆は必要なかった——その虚と実

イスラエルに住むパレスチナ人で、アラブ音楽家のマフムード・ジュレイリはグループツアーでの来日時、日本についての印象を聞かれ次のように語ったという。「日本については、以前から沖縄の米軍基地問題に関心を持っていました。もともとその土地に暮らしていた人々の土地を米軍が奪った。広島や長崎に原爆を落とされたのに、そんなひどいことをした米国が戦後も日本の土地を占領していて、日本政府がそれを許しているというのが不思議で仕方ありません」(「ラップで占領支配に物申すパレスチナの『DAM』」『週刊金曜日』二〇一五年一〇月二日、二四頁)。

沖縄問題はここではおくとしても、普遍的な人道問題さえ絡む原爆の問題は続いてその一端を示すような空前絶後の残酷さから考えると、米国への怒りや恨み一つ言わず、それどころかその米国に喜んで追随していく日本の姿は〝偉大〟というか〝馬鹿〟というか、外国人にとってもすべての政治的思惑を超えて摩訶不思議に映るのであろう。まさに〝難問〟である。マフムードの言葉はここまで延長して考えることができる。

原爆は米国が開発した「新型爆弾」で、これまでにない強大な威力と放射能によって遺伝子まで破壊する酷い兵器である。したがって、その影響は直接の被害者（これも民間人）だけでなく全く罪のない子どもや孫にまで及んでいく。当り前のことを再度確認したのは、この点が戦争だからでは済まない普遍的な人道性が問われるゆえんだからである。しかも広島、長崎への原爆投下は民間住民への無差別殺人という点でも国際法違反である。

一九四五年八月六日、B29爆撃機エノラ・ゲイによってこれが広島に投下（リトルボーイ、ウラン235）され、続いて同月九日、長崎に投下（ファットマン、プルトニウム239）された。その被害は甚大であり、同年末までの推定死者は広島で一四万人、長崎で七万四〇〇〇人の計二一万四〇〇〇人に及ぶ。その後の死者を含めれば厖大な数となる。また全壊・全焼した戸数は広島五万一七八戸、長崎一万二九〇〇戸とされる。一面焼け野が原で爆心地の地表温度は三〇〇〇～四〇〇〇度、草木は生えないとまで言われた。ようやく生き残った人も血だらけで皮膚がだらりと垂れ下がった。これらは何度となく記録フィルムで目にもしている。とくに問題なのは、原爆で遺伝子が傷つけられると罪の陰さえない子孫にまでその不安が及ぶことだ。被災者とその遺族は七〇年後のいまでもその後遺症に苦しみ、その上日本独特の差別と偏見にもさらされざるを得なかった。

これが原爆というものであり、まさに人道犯罪と言うにふさわしい。米国の中にさえあるような「原爆は戦争を早く終わらせるために必要で、結果的に多くの人々の命を救った」という言い分では済まない異次元の問題であろう。

じつはこの言い分に関しても、それはごまかしの作り話であることがこれまで未公開だった資料から明らかになった。以下はそれを裏付ける当時のトルーマン大統領、原爆投下を実際に指揮した最高責任者・軍人（グローブス准将）の記録・証言（概要）である（「決断なき原爆投下」『NHKスペシャル』二〇一六年八月六日による）。

米国は文民統制国家であるが、トルーマンもよく知らぬ間に軍部が原爆投下計画を独走的に進めた。人道犯罪的な原爆など投下しなくとも早晩日本は負けることを軍部はよく知っていた。しかし、せっかく巨大な予算を投じて製造した原爆を投下せずに終わってしまえば、新兵器の威力を試すことも、また予算の同意を得た議会に説明することもできない。抵抗姿勢を崩さない大統領への最後の決め手は、広島の軍事施設が目標なので一般市民にはあまり被害は及ばないとする虚言だった。しかし実際は市街地の真ん中が目標となり、その甚大な被害はすでに示した通りである。トルーマンは最高責任者としてその「結果責任」を取るためか、「原爆投下は日米それぞれ五〇万人の命を救った正しい行為だった」と二重のウソをつかざるを得ない立場に追い込まれた。こうして原爆は全く必要なかったことが明らかである。冒頭の言い訳は、いまや米国民と世界を納得させるための「神話」に過ぎなかったと言ってよい。

こういう実態を目前にすると、いくら安全保障のためとはいえ――それ自体も敵国幻想の上に立つ――米国に赤子のようにすがりつく卑屈な日本の姿、しかも沖縄の基地問題に見るように不合理や矛盾をこれでもかといわんばかりに突きつけられながら、いよいよ追随に励む日本の真意を解くのはまさに難問という他はない。もちろん個人的には、とくに直接的な被害者はこういう国家のあり方に不満や怒りを覚えるものもいるであろう。しかしこれらを一切顧みない国家の方針と集団的圧力（共同態的な抑圧）、そこに生まれる社会状況の壁の中で被災者さえこれに逆らうことはできず、また孤立と異端を嫌う国民性も絡んでいよいよ彼らはこの奇妙な事実に無念の沈黙を守らざるを得ない（得なかった）というのが実情であろう。

米大統領の広島訪問――謝罪が未来をつくる

最近、この奇妙な事実を新たに喚起されるような出来事があった。すでに一年前になるが、二〇一六年五月二六日に開幕する主要七カ国（G７）「伊勢志摩サミット」で来日するオバマ大統領（当時）が、この機会に現職大統領として初めて原爆投下地広島を訪問することになった。先に指摘したように、原爆という異次元の兵器使用とこれまた異次元の無差別爆弾という人道犯罪を前に、まずは大統領として被災者に謝罪することがまさに人道的行為と思われる。それは国家間においても当然の道義であり、日本国としてもそれを求めるべきであろう（と書きながら、では日本はアジアの被害国に対して……というささやきが）。もちろん政治的にはさまざまな〝障害〟があることは承知しているが、日本の場合も含めてそれが最高責任者としての決断というものである。

ところが、日本政府は米国保守派の意向を汲んでか、オバマ大統領の気持ちを忖度してか、事前に「大統領に対して謝罪は求めない」「過去より未来志向」が大事だという。未来志向にすべてを流し込むセリフはこれまでも何度となく聞かされてきた。これではせっかくの広島訪問が日米同盟の一大政治ショウとなってしまう。問題はこうした政府の方針を忖度してか、各種の関係団体や一般国民までが口調を合わせたかのように「謝罪して欲しいとは思わない」「来てくれるだけで大歓迎」などと当然のことのように言う。見事な日本的社会状況の成果である。そこに醸成される社会状況に気圧されてか、直接の被災者までが苦しい胸の内を包み込むように複雑な表情で「謝罪して欲しいとは思わないけど、現場を見てもらい核兵器をなくす契機につなげてもらいたい」と絞り出すように言葉を継ぐ。

必ずしも適切な例えではないが、一家を皆殺しにした加害者が自らの政治的思惑も絡んで被害者宅を訪ね、将来こうした犯罪を防ぐためにも当時のことも知りたいと思うが「謝罪は遠慮します」と言ったらどうなろうか。被害者とその遺族は、殊勝な心がけであり「訪問しくれるだけで十分、謝罪はいりません。未来志向でいきましょう」と喜んで迎えるだろうか。もちろん戦争の場合には国家間の因果関係が単純ではないが、繰り返すようにこれは通常兵器による被害を超えた人道犯罪という視点がとくに大切である。

オバマ大統領は五月二七日、サミット終了後広島を訪問し、原爆死没者慰霊碑に献花するとともに被災者に対面した。被災者に示す心の内は端からも痛いほど分かったが（歴代大統領の中では人間的なのであろう）、やはり原爆投下への謝罪はなかった。彼は「七一年前、明るく、雲一つない晴れ渡った朝、死が空から降り、世界が変わってしまいました。」と述べた。天が投下したのなら広島に謝罪する必要もなくなる。これが米国現職大統領としてのギリギリの限界なのであろう。

過去を葬り去ったところに未来はない。「未来志向」が本来の成果を結ぶのは過去への厳しい反省の上に立って謝罪するという人道の原点に立ち返ってのことであろう。たまたま朝のＮＨＫニュース（二〇一六年五月二七日）を視ていたら一六歳で被爆し、戦後の苦難を生き抜いてきたある被爆者が語っていた。「自分は米国に強い恨みをもっていた。しかし、あるとき恨みをもっていたのでは正確な証言はできないと言われ、そうなのかと納得した。……しかしどうしても恨みを全部ぬぐい去ることはできなかった。その後、米国で証言する機会があり、米国の若い人たちの前で自分の被爆体験を語った。話し終わったら、若い人が自分の前に来て『申し訳ありませんでした』と頭を下げた。その時、自分に責任のない若い人が……と思い、それから恨みはなくなり、すっきり生きられるようになりました」（一言一句が発話通りではない）。これが人間の真実というものであり、本来の「未来志向」は遠回りのようだが、こうした過去を引きずる人間の原点に立ち返ってこそ初めて可能であることをよく示している。ポジティヴな責任の機能である。

これを打ち消してしまうような社会状況は、そうした人間の原点も精神の刃も葬り去ってしまう。そしてその背後には周到に計算された国家の意図だけがある。より詳しくに言えば、こうした社会状況もその背後には国家の意を受けた組織や集団の共同態的論理（抑圧）が貫いているということだ。

ちなみに、核廃絶のためには過去にこだわり、謝罪云々と言っていたのでは逆効果で一向に前進しないという議論がある。しかし、ここではそういう戦略論を取り上げているわけではない。人間と国家の根源に迫る人道・人倫的な原理論を問題としているのである。とはいえ両者は無縁ではなく、遠回りのようだが人道・人倫問題を根底に据えることによって、核廃絶も信頼関係の中でより確実に進められるのではなかろうか。先の被爆者の心の変化が示すように原理と現実は決して無関係ではない。これらは、その根底にポジティヴな責任（論）が不可欠であることを示している。

最後に改めて繰り返すまでもないことだが、こうした不埒な状況が生まれてしまうのは原爆を投下した米国自身がその犯罪事実（実相）を因果論的にも了解論的にも正確に認識していないことがあろう。そこに責任の自覚も、また責任を果たそうという発想も、したがってまた国家としての謝罪など生まれるはずはない。日本もまたその反省を迫るどころか、責任を問題にすること自体が恐れ多いタブーと化している。そしてそれ以前に、日本政府は広島、長崎の被爆実相を米国に詳しく伝える必死の努力を何も果たしていない。これではポジティヴな責任どころかネガティヴナ責任さえ自覚されようがない。

(2)　友好が築けない中国および韓国との関係

①　残留孤児問題と南京虐殺事件

こうした日米関係に映る日本のあり方は、攻守ところを代えて日本による戦争被害国の中国や韓国などへの対応にそのままつながっている。米国への問いは、そのまま中国や韓国からの日本への問いとして帰ってくる。また、そうした中国や韓国との関係をふまえることの中で、先に提示した米国との関係における「難問」もその解は自ずから見えてくる。以下では、主として中国の南京虐殺事件および韓国の慰安婦問題について、これまでの視点と枠組から考えてみたい。これらの専門的な研究者ではないので、正攻法は避けてごく卑近なところからメスを入れていくことになろう。

アジア太平洋戦争で中国は日本軍の侵略により、おびただしい数の人びと（庶民）が酷いやり方で殺され、強姦され、略奪・放火され、破壊されたと言ってよい。中心にあるのは南京虐殺事件である。後に示すように、この虐殺事件を中心にその死者は「極東国際軍事裁判」（東京裁判）の判決では二〇万人以上、連合国の米英やオランダ、オーストラリアなど七カ国に設置された「BC級戦犯裁判」の一つである「南京戦犯裁判軍事法廷」では三〇万人以上とされる。しかもこれは日本軍が一方的に攻め込んだ侵略行為である。その意味では、これも単なる戦争という次元を超えた人道問題と言ってよい。

この点、先の原爆問題の場合には日米開戦の発端として日本が真珠湾に攻め込んだものであること、また日本が土壇場に追い詰められながら、ポツダム宣言受諾を後に示すような思惑からギリギリまで引き延ばしたことも関係していよう。しかし、両者ともにそれは政治的な駆け引きを超えた倫理・道徳の絡む人道問題という点に変わりはない。

まず中国との戦争にかかわるいくつかのエピソードから取り上げよう。これは中国残留孤児の問題である。中国は侵略によって惨憺たる状況下にあったにもかかわらず、敗戦末期にソビエト軍の侵攻でやむなく中国に残してきた日本の子ども（多くは日本の傀儡国家・満州でのいわゆる「戦災孤児」）を中国人が養父母となって引き取り、育ててくれたことである。その総数二八一八名という。まだ戦争の余波が色濃く残る時期（侵略の延長上と言ってもよい）に、普通なら憎んでもあまりある残虐の限りを尽くした敵国の子弟を引き取って親代わりに育ててやるなど当時の日本人だったら果たして実行できたろうか。

しかも苦労して日本人の子どもを育て上げ、職に就かせてほっとするのもつかの間、今度は日本への「帰国問題」がもち上がった。養父母と他国の子との関係とはいえ、家族として長年苦楽をともにすれば両者の間には人一倍の愛情も信頼関係も生まれよう。そういう中で突然の帰国（離別）に許せないという気持ちが内心渦巻いていたのは想像に難くない。しかし帰国したいという子（そして日本）の強い要求を受け入れざるを得なかった（これもまた日本人なら当然の人情であろう）。

当時の新聞は次のように伝えている。「孤児を成人まで育ててくれた養父母にどう感謝したらいいか……大きな課題になっている。今月一〇日、山形県長井市の父、弟のもとに永住帰国した王殿昌さん（四〇）は、帰国の条件として義母から『老後保障費』の支払いを求める民事裁判を起こされ（た）。……手塩にかけた孤児がさっさと帰国するのを『恩を忘れた裏切り行為』と、とっての強硬手段だったようだが、養父母の寂しい姿がみえない日本人には大きな警鐘となった」（『朝日新聞』一九八二年二月一八日）。怒りの奥には孤独な悲しみがあろう。

帰国者総数は二五五五人というから、残留孤児のほとんどが帰国したことになる。日本はこの問題にどう対応したのか。養父母の胸の内を思いやるどころか、ことが済んでみな忘れてしまったのであろう（文中の人数は「厚労省社会援護局中国孤児等支援室」による）。

もう一つ、当時の事例を挙げておこう。記者として海軍省などを担当していた泉毅一は、一九四四年に召集を受け中国戦線で小隊長を務めた。一九四六年春、ソ連に抑留されシベリア収容所で重労働に従事した後、約一〇〇〇人あまりが一九五〇年に中国撫順の戦犯管理所に収容された。そこで体験した事実を彼は帰国後に記録として残した。その中に次のようなエピソードがある。

管理所指導員は泉毅一に「あなたは過去のことを、話したくなかったら話さなくてもいいんです。ただ、あなたが過去にどんな災害を中国人民に与えたかを考えてみることは、あなたの人間的良心にとって大切なことだと思います」と言った。泉毅一はギクリとしたという。中国での戦争中、中隊長が彼に命じた一件が胸中にあった。「捕まえた目の前にいる中国農民六人を斬れ」。躊躇したが、結局部下が農民を斬った。自分は直接手は下さなかったが部下が斬るのを止めなかった。そのことを話すと指導員は涙を流さんばかりに言ったという。「それはいいことです。本当にあなたの良心のために喜びます」。泉毅一は自分の「胸に何かが食い入ってきた」と述べている。指導員の淡淡とした言葉は怒りや悲しみが心底で止揚されているからであろうか。

また別の陸軍元中隊長は「度胸をつけるという理由で初年兵に無抵抗の中国人を銃剣で突き殺させたこと、村を襲撃して老人や子供を次々と刺殺したうえ家を焼き払ったこと、捕虜の少年兵を刀でたたき斬ったこと」を告白証言した。

こうして多くの戦犯が罪を正直に告白したからかどうかは分からないが、一九五六年の全国人民代表大会で戦犯を寛大に処分する方針が決まり、一〇一七人が起訴免除、起訴された四五人も死刑や無期判決は一人もなく、最長で禁固二〇年、受刑者の多くが刑期満了前に釈放された。中国側には「戦犯といえども人間、……人間らしく扱えば必ず変わる」という信念があったという。

最後に泉毅一は書いている。「私たちの悔いは決して単なるザンゲではない。……このような戦争を起こしたものへの憎悪であり……怒りでもある……」（以上は上丸洋一「新聞と９条」『朝日新聞』二〇一七年二月六、七、八日による）。

こういう経緯を見ての感想として言えば、中国には心あるところを示せば良心がある限り相手も変わり、必ずそれに応えてくれるという強い信念があるようだ。これは以降の政治姿勢にもそのまま貫かれていることは後にも示す通りである。改めて言えば、本物の「未来志向」のためには「過去」に顧みることの重要さ、それは絶対的な必要条件ですらあるということである。ポジティヴな責任感の必要性と言ってよい。

しかし自民党を中心とする日本の歴代政権はこれらの人間的事実になかなか共感を示さない。それどころか、そのもとにある南京虐殺さえ素直に認めようとせず、すでに見てきたように極東軍事裁判での「殺害二〇万人以上」という〝不確定〟をタテにとって問題を一万人だ、二万人だといった数値に還元し、あげくはそういう事実そのものまで疑問視しようとする。たしかに南京虐殺の被害者数を正確に割り出すことは大事ではあるが相当に困難をともなうであろう。しかし、人数自体は問題の本質ではない。

本多勝一が現地調査で収集した豊富な当時の現場写真や無数の記録、また生き残り被害者の身体に刻まれた数々の傷痕、さらに彼らの生々しい証言を目の当たりにするとき、まさに大虐殺に値する残虐行為の事実まで否定することはできない。そのほんの一端を紹介してみよう。

自らも体験者である姜根福さん（調査時四三歳）は次のように話した。「一九三七年の一二月一二日午後四時ごろ、南京に侵入してきた日本軍は、まず城壁の南側の雨花台高地を占領、……（中略）群衆や敗残兵に向かって、……機関銃、小銃、手りゅう弾などを乱射した。飢えた軍用犬も放たれ、エサとして食うために中国人を襲った。二つの門に通ずる中山北路（現在の人民北路）と中央路（現在の大賽路）の大通りは、死体と血におおわれて地獄の道と化した」。さらに「日本軍は長江に近い二つの門を突破して、南京城外へとくり出し、……（各地で虐殺を繰り返し）燕子磯では一〇万人に及ぶ住民を……機関銃で皆殺しにした。このため川岸は水面が死体でおおわれ、長江の巨大な濁流さえ血で赤くそまった。……虐殺は、大規模のものから、一人、二人の単位まで、南京周辺のあらゆる場所で行なわれ、日本兵に見つかった婦女子は片端から強姦をうけた。紫金山でも二〇〇〇人が生き埋めにされている。……」（本多勝一『中国の旅』二五五―二五九頁）。この詳細かつ身の毛のよだつような事実（実証）に対しては、偏見からさまざまに誹謗中傷するものはいても、いまだ学問的に反証した例を知らない。先の管教所（戦犯収容所）でのエピソードと合わせてこの事実を否定することはできない。

ここで後にも取り上げる東京裁判と南京戦犯裁判軍事法廷が下した南京虐殺事件における「事

実認定」の一部を示しておきたい。笠原十九司の紹介によれば、東京裁判では日本軍は「殺人・強姦・略奪・放火……中国人の男女子供を無差別に殺（し）……大通りに被害者の死体が散乱した」。また「多数の婦女は、強姦されたのち殺され、その死体は切断された。占領後の最初の一ヶ月に、約二万人の強姦事件が市内に発生した」。そして「最初の六週間に、……殺害された一般人と捕虜の総数は、二〇万人以上であった」。同様のことは南京軍事法廷でも認定されており、日本軍は「南京市各地区に分かれて押し入り、大規模な虐殺を展開し、放火・強姦・略奪をおこなった。……被害者総数は三〇万人以上……死体が大地をおおいつくし（た）」（抜粋）—ここで著者がとくに強調しているのは、これは事件の全体像ではなく、「森の中の木」に過ぎないということである（笠原十九司『南京事件』八—一四頁）。

いろいろな政治的思惑が絡むのは分かるが、それらを超えて侵略戦争におけるこの原罪的事実と、それにもかかわらず中国人の戦中前後の人道的寛容さに理解を示さず、過去を忘れてその責任までないがしろにしてしまったところに日本の戦後民主主義の行方（虚妄化）を占う原点があると思われる。それは裏返せば、先に指摘したような原爆をめぐる日米関係の虚妄（広島、長崎の脱人道問題）と同一線上で直結していると言ってよい。いわば「過去」に根ざす原点としての人道問題が日米の政治的な駆け引きの中でうやむやになってしまったところに一番の問題があろう。この流れの上に立ってみれば、先のマフムード・ジュレイリの言うような、苛酷な被害を被りつつ、その加害者に喜んで追随していく日本の不可解さ（「難問」）もよく理解できよう。一大スローガンだった戦後民主主義が安倍自民党政権の立憲主義攻撃とともに、ここへきて一段と生彩を失ない、窒息状態に陥りつつあるのもその原点をたどれば、こうした人間の問題にたどりつく。

ちなみに二〇一五年一〇月一四日、安倍首相は中国の揚潔篪国務委員と首相官邸で会談し、ユネスコの世界記憶遺産に中国が申請した「南京大虐殺の文書」が登録されたことに遺憾の意を表明し、「過去の不幸な歴史に過度に焦点を当てるのではなく、未来志向の日中関係を構築していくべきだ」と伝えた。これに対し、楊委員は「第二次世界大戦に関することは国際的な定論がある。歴史をしっかりと認めて未来に進んでいくことが重要だ」と語ったという（『朝日新聞』二〇一五年一〇月一五日）。一方は歴史を忘れることが未来を開くといい、他方は歴史をふまえることが未来を開くという。先に指摘した日本の「未来志向」という構図がここにも顔を出している。

②「日韓合意」の深層――慰安婦問題の扱い

韓国の慰安婦問題にも似たところがある。この問題も単なる政治的次元を超えて人格の核心にかかわるまさに人道問題そのものである。これまでにも多くの研究が行われてきており、屋上に屋を重ねるつもりはない。ここでは二〇一五年一二月二八日、安倍政権と朴政権のもとで締結された慰安婦問題についての「日韓合意」を前提に据えて、すでに規定した責任論の枠組から少し考えてみたい。そこには今日の日韓関係の本質がよく現れており、それは単なる歴史の一事象を超えて、両国の位置づけや限界までが示されている。

慰安婦問題はアジア太平洋戦争中、日本政府・軍の管理下で多数の韓国人女性が強制的・半強制的に連行され、日本軍慰安所において人間性を踏みにじる性交渉を強いられたことに始まる。日本は一九六五年に調印された「日韓基本条約」と同時に結ばれた「日韓請求権協定」によって法的責任を含め、これらすべては解決済みとしてきた。しかし韓国政府は大法院判決をふまえ、慰安婦問題は「請求権協定」では公的問題とならず解決もしてないとし、その後も両国の間でくすぶり続けてきた。そのこと自体がすでに単純な政治的駆け引きの問題を超えた人道問題であることを物語っていよう。そしてこの問題は、とくに安倍政権下での日韓緊張関係の高まりの中で緊急の解決を要する重要な政治課題となっていた。

前提としての慰安婦問題

日韓合意問題に移る前に、その前提となる慰安婦の「強制性」の内実について見ておきたい。そして慰安婦問題を取り上げる際には、さらにその前提として朝鮮の植民地化とそこでの日本人の振る舞いについても簡単に触れねばならない。

一九一〇年の「日韓合併」以降は韓国を「朝鮮」と呼び、首都に朝鮮総督府をおいて朝鮮を名実ともに植民地化した（事実上は一九〇五年の第二次日韓協約後）。そして朝鮮の独立運動を鎮圧するとともに、彼らを日本に同化するために日本語教育を実施した。これらの遂行のために朝鮮では「憲兵政治」が行われた。こうした状況の中で在朝日本人は一九一〇年末に一七万一五四三人だったのが、その後「内鮮一体」での工業化・産業化とともに一九四二年末には七五万人にも達した。その中で最も多い職業は「官吏」であった（高崎宗司『植民地朝鮮の日本人』一二〇—

二二五、一五八―一八一頁)。

こういう事態を受けて民族差別も露骨に行われた。例えば芙江は一九〇四年以降に日本人が定住し始めた町であるが、日本人が住む地域と朝鮮人が住む地域は別であった。そして日本人が通う小学校と朝鮮人が通う普通学校は別々に建てられていた。「朝鮮人が日本人学校の庭で遊んでいると、先生は『おまえの学校で遊べ』と言った」。また日中戦争が全面化すると、「朝鮮窒素興南工場」(水俣の「日本窒素株式会社」と合併)では「朝鮮人が死んだって風が吹いたほどにも感じない」で、「日本人は朝鮮人を押さえ指導していく民族だという自覚を会社は徹底的に植えつけた。残業で疲れ果てて座り込んでいる労働者を木刀で殴って働かせた」という。これらはほんの一例である(同書、二二六―一六一頁)。

慰安婦の動員、とくに強制連行さえ、こうした差別を当然とする社会的状況の中ではごく自然に実行されたと言ってよい。吉見義明は元慰安婦の証言などをふまえ、多くは無知につけ込んで「だまされ」たり、「身売り」されたりした結果であるが、友達の家で遊んでいた一六歳の娘が突然えたいの知れない日本人に「腕を引っ張って」拉致され、「中国東北の軍慰安所に入れられ」た例などを挙げつつ、この「強制」には拉致業者と憲兵・警察との強い連携があったのではとしている。「関特演では、関東軍は二万名の朝鮮人慰安婦を集めようとし、朝鮮総督府に依頼して、八〇〇〇人の慰安婦を集めて中国東北に送ったという」(吉見義明『従軍慰安婦』九二―一〇九頁)。これは官(軍)による「徴集」であり、実質的な強制と言ってよい。

また、これらと絡んで最近よく問題になるのは、戦時下に女性が軍需工場などに強制動員された「挺身隊」と「慰安婦」が混同され、慰安婦までも強制性が主張されているが両者は別で、慰安婦には強制性はなかったとする説である。この点について、金富子は多くの歴史的証言を挙げつつ「歴史的文脈からみると、……（挺身隊）は、植民地朝鮮での『慰安婦』徴集時に行なわれた誘拐の一形態であ（る）」。したがって「一九四〇年代に『挺身隊という名で慰安婦にされた』というのは『混同』ではなく……実態の反映と見ることができる」としている。梨花女子大学名誉教授の伊貞玉もインタビューで「植民地朝鮮では『慰安婦』の名で連れられた被害者はいなかったこと、『挺身隊』『処女供出』として詐欺（＝誘拐）あるいは強制だった」と言っている。慰安婦としての被害者だった金福童さん（一九二六年生まれ）自身が「梁山の初等学校を四年まで通って家にいましたが、一九四一年に日本人といっしょに区長と班長が来て『テイシンタイ（挺身隊）に娘を送るので出しなさい』と言われ、連れて行かれた」と証言している（金富子他責任編集『Q＆A朝鮮人「慰安婦」と植民地支配責任――あなたの疑問に答えます』一八―六一頁）。

日韓合意の虚実

やや長くなったが本題の日韓合意問題に移ろう。安倍政権、朴政権はこの問題を早期に解決すべく二〇一五年一二月二八日、ソウルでの外相会議で改めて協議した。その結果、最終的に決着させることで合意した。その合意内容を簡単にまとめると、①「軍関与」のもとで多数の女性の名誉と尊厳を深く傷つけた「責任を痛感し」、安倍首相が元慰安婦に対して「心からおわびと反省の気持ちを表明する」。②韓国政府が元慰安婦を支援する「財団を設立」し、日本政府がこれに「一〇億円を拠出する」。③両国はこの問題が「最終的かつ不可逆的に解決されることを確認する」。④慰安婦を象徴する少女像は「適切に解決（撤去）」するよう努力する。

以上が合意の要点であるが、これは被害者の意向とは関係ない国家間の約束である点に注意しなければならない。そして、これは先に指摘したように単なる「日韓合意」問題を超えて現在の、そして将来も続くであろう日韓関系の本質を示唆しているところに、とくに検討の価値がある。

ここで一番問題になるのは、やはりその責任の果たし方であろう。すでに規定した責任論の枠組から見るとどうなるのであろうか。慰安婦問題は人格の中枢を貫く人倫・道徳的な責任、すなわち「道義的責任」にかかわっている。一般に道義的責任の多くは人間の良心に委ねられるため、しばしば悪用されたり自己欺瞞の隠れ家と化する。だからこそそれは政治的な駆け引き次元を超えて、道義的責任と一部連動するところの法的責任によって厚く担保（保護）されねばならない。法の目的は正義（道義）の実現にあるという言葉や、法は道徳の最低限という言葉もそのことを示唆する。

韓国側の要請で、あえて「道義的責任」という文言が使用されなかったと言われるのは、法的責任が曖昧な段階ではその悪用によって中心となるべき実質的な道義的責任が空洞化してしまうことを懸念したからであろう。まやかしの多い政治の世界だからこそ、道義的責任という文言が使用される場合にはこれを裏打ちする法的責任も同時に確認されねばならない。これは後にも触れるドイツの場合がそれを如実に示している。合意文書の中には「責任」という言葉はあるが、法的責任という言葉はない。そこにいう「責任」が法的責任を意味しないことは、日本が出す一〇億円について法的責任を示唆する「賠償」という表現の代わりに、あえて「拠出」という言葉が使われていることからも明らかである。やはり韓国側が道義的責任という文言を避けたのは懸命というべきであろう。

こうなると道義的責任も法的責任もなく、あるのは無限定で抽象的な「責任」だけである。しかし、だからこそ韓国側は逆にこの中に道義的責任も法的責任も含まれると善意に解釈し、日本側は韓国側にそのように思ってもらえることに内心満足して、めでたく「合意」できたのかも知れない。言ってみれば実体のない責任という器の中にそれぞれ自らの思惑に基づいて描く虚像を盛り込んで両者が重なったところでめでたく手打式をしたようなものである。

もうひとこと言うと、先に挙げた合意項目の中に「この問題が最終的かつ不可逆的に解決されることを確認」という厳しい表現があるが、これも中国流に言えば、それでもって日本軍国主義が行った「過去」をすべてご破算にするという意味まで含めることができる。

その後、慰安婦だった韓国の一部の被害者、およびその支援団体はこうした合意の本質を見抜き、これに強く反対している。少女像撤去問題も全く進んでいない。首相自身が元慰安婦に「心からのお詫びと反省」をするのも後に見る「安倍談話」からすればかなりの進展だが、支援団体は本人の直接の謝罪ではなく真心がこもっていないと批判している（『朝日新聞』二〇一五年一二月二九日）。

韓国はこれまで法的責任を執拗に追及してきたのに、朴政権（当時）は国内の反発が予想されるさまざまな問題を乗り越えてまで、何故このようなレベルでの慰安婦問題に合意したのか。言うまでもなく、それは北朝鮮や中国との緊張関係が高まる中で日米韓同盟の強化が不可欠だという米国からの強い要請があるからである。二〇一五年一〇月中旬、朴大統領がワシントンを訪れた際、オバマ大統領（当時）は共同会見で「（日韓の）困難な歴史問題が解決され、北東アジアの地域が協力し合い、前向きな関係を築けることが私の希望だ」と語っている（同紙、二〇一五年一二月二九日）。

この点は日本にとっても同じであり、これまで韓国に対して居丈高な態度を取ってきたのに、米国のそうした意向をふまえて「政府の責任」を認め、多数の女性の名誉と尊厳を傷つけたことに「心からのお詫びと反省」を表明したのは安倍政権から見ればギリギリの譲歩だったのであろう。米国の〝子分〟たる日本や韓国からすれば、それは〝親分〟たる米国の政治圧力の効果てきめんという他はない。しかしどちらも国益と国策の裏にある人間的実体は歪んだままである。やはり、被害者本人が無視されたままの国益次元のみでの「合意」には限界がある。被害事実の了解論的認識とその上に立つポジティヴ責任論をふまえての合意、それを前提とした国家間のやりとりこそがそうしたネガティヴな責任論に命を吹き込むであろう。そうでなければ、せっかくの一〇億円拠出も生かすことができない。

案の定というべきか、韓国は朴槿恵大統領に代わって革新系の文在寅新大統領が就任（二〇一七年五月一〇日）するや日韓合意の見直し問題が浮上してきている。今後どうなるかは予断を許さないが、以上に展開してきた視点と方法は見直すにしても留まるにしても重要なポイントとなろう。日本も韓国も国家そのものががらっと変わってしまうわけではないからである。

もとに戻って言えば、こうした中途半端な合意さえ米国の圧力があってのことだとすると、本来は主体的に認識すべき過去の歴史をふまえての人道的責任の自覚などほど遠いと言わねばならない。それ以前に中国に対する場合も含めて、戦争における犯罪事実を正確に認識しようとしないところに、ポジティヴな責任どころかネガティヴな責任さえ自覚されるはずがない。そして繰り返すように、それは同時に日本自身が被った原爆禍の責任追及を放棄することにもつながっている。

「馬鹿」でも「偉大」でもない

この節の冒頭で、人道にも国際法にも悖る原爆投下で世代を超えての辛酸をなめつつ、その加害国に喜んで追随していく日本はよほどの「馬鹿」か「偉大」かであろうと記した。これまでの分析から、より正しいその答えが見えてきた。この場合、国家と国民（個々の人間）を区別して考えるべきであろう。国家（政権）から見れば馬鹿や偉大の向こうに、いうところの偉大よりもっと偉大な、馬鹿よりもっと馬鹿な――というより、そういう価値判断を超えた――国民を置き去りにした国益中心の巧妙・狡猾な政治的打算が隠されている。国民（人間）の側から見れば、決して偉大でも馬鹿でもないが、そうした国家の策略にまんまと乗っていく〝人の好さ〟（？）がある。しかし、そこにはすでに述べてきたような日本人の現在主義や現実主義、また安易に状況に乗りやすい性格や長いものに巻かれやすい共同態的原理がそれ相応の社会状況に包まれつつ働いている点も見逃されてはならない。またそれがもたらす帰結を考えれば、単純な人の好さで自他の人道問題まで忘却してしまうわけにはいかないであろう。

何故こうなってしまうのかについては、単純な国家的打算（国益論）や国民性からだけではなく、すでに示唆してきたように日本（日本人）の戦争責任についての認識とその処理の仕方の中により根本的な原因があろう。以下はそのささやかな私なりの分析である。

3　戦争犯罪と戦後民主主義

(1)　極東軍事裁判の意味再考

悲願としての天皇制

日本の戦後は周知のように一九四五年八月一五日、天皇が「終戦」の詔勅放送をし、同年九月二日にポツダム宣言の降伏文書に署名することから始まった。ポツダム宣言には日本軍国主義の除去と無条件降伏の要求が述べられている。それに先立つ一九四五年七月二六日、米英中（後にソ連も参加）がポツダム宣言で日本に降伏を勧告。しかし日本は敗色が頂点に達しているのもかかわらず、軍部の徹底抗戦意向とともに国家指導部の国体（天皇制）維持への不安から（連合国から天皇制存続の承認をとりつけるため）無駄な時間を費やし、終戦詔勅が八月一五日（ポツダム宣言受諾は一四日）、実際の降伏文書署名は九月二日にずれ込んだ。すなわち、八月一五日をもって日本は降伏したが、一部軍部の詔勅拒否・抗戦は以前から続いており、相手国がそれを正式に認めたのは九月二日ということである。そしてその間に広島、長崎への原爆が投下されたのであった。勧告を即座に受け入れていれば原爆投下はなかったはずだ。

続く重要課題は、戦後を規定した東京裁判（極東国際軍事裁判）と新憲法制定であった。戦後史が目的ではないので詳細はすべて省略するが、基本的な特徴を一点だけ挙げれば、それは昭和天皇が戦争責任の訴追を免れたこと、その結果でもあるが憲法一条に主権の存する「日本国民統合の象徴」という形で、いわゆる象徴天皇制が残ったことである。これは日本、とくに昭和天皇を含めて為政者の悲願であったと同時に、米国自身の米国流日本統治という国益にもかなった。

その事情について孫崎享も次のように述べている。「米国は戦争終結以前から、占領をスムースに進めるため、昭和天皇の罪は問わないという方針を立てていました。しかし米国国民の天皇に対する強い反感を見れば、いつ流れが変わるかわかりません。事実、ＧＨＱの政治顧問だったシーボルトは、東京裁判のウェッブ裁判長自身が、本当は昭和天皇の罪を問うべきだと主張していたことと記録しています。……それなのになぜ連合国が最初から天皇を裁かないことに決めているかといえば、それは『連合国の利益』（シーボルト―筆者注）のためだからです。……（結果）昭和天皇はもっとも強固な日米同盟推進者になります」（孫崎享『戦後史の正体』〇五六―〇五九頁）。

この延長で憲法にも象徴天皇制が織り込まれ、真相は米国の国益のためとはいえ、日本の悲願も同時に達成された。それも手伝ってサンフランシスコ講和条約（一九五一年）で「独立」を果たした後もずっと今日まで、とくに政権党にとっては米国は「神」のような存在となってきた。憲法を超えると言われる「安保条約」も「地位協定」もこの流れの中で理解すべきであろう。これらは続いて詳しく検討するような——その一部は前節でも中国、韓国との関係で分析——戦後処理の問題と深く関係している。

もちろんこのように言ったからといって、同じく米国の意向をふまえてつくられた新憲法の基本的人権と国民主権と平和主義（九条）の尊重というそれ自体がもつ世界に誇るべき革新的な価値を貶価するわけでは決してない。またそれは決して米国からの「押しつけ」や「借り物」でもない。細い流れではあるが、そこには日本が伝統的に培ってきた革新の水脈も流れ込んでいる。ここで念のためにその一端を示しておこう。

新憲法制定に当たり、政府のＧＨＱ絡みの「憲法問題調査委員会」での検討過程とは別に、民間の高野岩三郎、馬場恒吾、森戸辰男、鈴木安蔵など七名からなる「憲法研究会」が発表した「憲法草案要綱」がある。これは日本国憲法の公布（一九四六年一一月三日）より一年近く早い一九四五年一二月二六日の発表であるが（同日首相官邸に持参）、鈴木安蔵の署名で起草された要綱には次のような現憲法を先取りする文言がある。「日本国ノ統治権ハ日本国民ヨリ発ス」「天皇ハ国政ヲ親ラセス国政ノ一切ノ最高責任者は内閣トス」、さらに「国民ハ法律ノ前ニ平等ニシテ出生又ハ身分ニ基ク一切ノ差別ハ之ヲ廃止ス」「爵位勲章其ノ他ノ栄典ハ総テ廃止ス」（国立公文書館『誕生　日本国憲法』五頁）。現状の法制より進んでいる感じさえ受ける。伝統的な革新の水脈はこの中にも流れ込んでいる。

東京裁判の意味

さて、東京裁判は一九四六年五月三日の開廷から四八年一一月一二日まで約二年半にわたって行われた。これも米国主導で行われており、方向はこれまでの流れから見て大体予測できる。まずその前提となる事実を確認しておきたい。これは一九四五年八月に米英仏ソ四カ国が「国際軍事裁判所条例」を作成し、この条例に基づいてドイツのナチス幹部を裁くニュルンベルク裁判と日本の戦争指導者（A級戦犯）を裁く東京裁判が行われた。東京裁判の構成は裁判長としてオーストラリアのウェッブ、主席検事は米国のキーナン、裁判官は米、英、仏、オランダ、中国など各国一人ずつで一一人。戦争犯罪の範囲には通例の捕虜や人質の殺害（B級）に加えて、「侵略戦争」の計画・開始などの責任を問う「平和に対する罪」（A級）と一般市民の虐殺など非人道行為を問う「人道に対する罪」（C級）が加えられた。この分類に基づいて戦争指導者の二八人が問題のA級戦犯、すなわち侵略戦争の被告となった。この他にA級戦犯「容疑者」約六〇人が拘禁された。なお、BC級戦犯（五七〇〇人）は東アジア各地の裁判所で裁かれ、死刑者は九八四人であった（裁判官、検察官、被告人の構成などについては、吉見義明監修『東京裁判——性暴力関係資料』付録など参照）。

裁判は一九四八年一一月一二日に判決が言い渡され、病死や免訴三人を除く二五人が有罪となった。判決の内訳は絞首刑七人、終身刑一六人、他は禁固などであった。絞首刑七人は即刻巣鴨プリズンで刑を執行されたが、他は病死などを除き刑を免除されたり、釈放されたりした。免除・釈放された被告の中には戦後政治で腕を振るい、また米国の日本統治に有用な人物が多く含まれている（戦犯容疑者として拘束されつつも釈放されたものの中には、後に首相となった岸信介も含まれている）。

さて、問題はこの裁判の出発点においては「平和」や「人道」を踏みにじったもの（戦争指導者）への断罪が掲げられており、その理念はそれなりに理解できる。しかし、しばしば批判されてきたように結末は竜頭蛇尾に終わってしまったことである。例えば検察は厖大な資料・証言を収集し、米国との抗戦に至る前のアジア、とりわけ中国で日本軍が行った経済的収奪から住民の虐殺や強姦までの侵略行為を詳しく実証した。ところが最後は七人の死刑をもってすべてを終結させ、せっかくの検察の調査がその後の日本のあり方に直接影響を及ぼすことはなかった。日本もまた七人の犠牲者にすべてを預け、あとは後にも詳しく触れるいくらかの賠償で戦争責任をすべて果たしたとしてきた。

なぜ中途半端の終わってしまったかと言えば、これもすでに示唆してきたような理由を含め裁判が米国主導であったこと、さらに共産主義との対決を迫られるような世界情勢が次第に進行してきており、日本をその防波堤にするためには、それにふさわしい政治と政治家を必要としたからである。もはや過去の問題に勢力を費やしている余裕もなくなってきていた。一九四八年には大韓民国、朝鮮民主主義人民共和国、翌一九四九年には中華人民共和国が成立している。戦犯問題はは二の次となる。まさに米国の国益のためである。

それでも歴代自民党政権幹部の中には、東京裁判は「事後法」であり、戦勝国の一方的な押しつけ（勝者の裁き）であるとしてそれ自体さえ否定しようとする立場のものもいる。彼らはまたアジア太平洋戦争は日本の「自衛」のためであって、その行為は「侵略」ではないとする（仮に否定派とする）。これは同じく批判・否定派といっても、戦争責任を中途半端に終わらせた東京裁判結末への不満からその貶価に傾く立場（仮に批判派とする）とは次元が別であることに注意しなければならない。批判派の場合には釈放・免除を含めて判決やその後の措置に不満はあるにせよ、やはり当時の日本人には手の及ばないような厖大な証拠から秘密だった日本軍の実態と侵略行為を国民の前に公にした歴史的意味は高く評価しようとする。その意味からすれば、それは多くの問題点をはらむにせよ裁判自体を否定するわけではない。

このような対立や混乱も結局は自らの手で戦争犯罪を裁けず——「過去」の総括をせず——したがって、その責任を曖昧にしたままですべてを東京裁判に委ねてしまったことに一因がある。さらにあえてつけ加えれば、ごく少数と思われるが否定派と批判派を超えて東京裁判を丸ごと肯定し、それ以下でもそれ以上でもないとする素直な「肯定派」とも称すべき立場を設定することができよう。この立場からすれば東京裁判ですべてが終わったので、後々までくよくよ考えることはないということになる。重要なことは、否定派は執拗に生き続けるのに、批判派は次第に影が薄れ、実質的にはこの肯定派に合流し思考停止してしまっていることであろう。

事後の議論には責任がともなわないためにさまざまな言説が飛び交うものであるが、東京裁判の過程で明らかにされた日本軍の侵略という国際的に共有された事実（判決）は消すことができない。しかも日本は「独立国」として再出発するためにこの判決を受け入れた。

(2) 戦争犯罪の処理と民主主義のゆくえ――「安倍談話」の解析

裁判への国民の反応とその後

これらの経緯を念頭に、東京裁判の判決が出た当時の日本社会の雰囲気(社会状況)、とくに知識人の反応について『朝日新聞』(上丸洋一)が報告しているので一部引用してみたい。ジャーナリストの大宅壮一は「国民大衆自身の手で戦犯者を裁こうとする輿論の片影すら発見することはできない。ただ新憲法の上で戦争を放棄し、『日本の民主化』をお題目のように唱えていれば、それでいいのだろうか」(『座談』一九四八年八月号)。また裁判をつぶさに傍聴した作家の大佛次郎は二五人の被告の中で「悪かったと誰も言わなかったのが不思議な心持ちがする」(『朝日評論』一九四八年一二月号)。さらに一九四八年一二月二四日の『朝日新聞』「声」欄には「(戦犯処刑で)われわれの戦争責任は消えたのではない」というやや状況に逆らう投書が載っている。

これらとは異色なのが東條内閣で商工大臣を務め、A級戦犯容疑者として収監中だった岸信介の日記である。東京裁判について岸は「満州事変にしても支那事変にしても大東亜戦争にしても……これを日本の侵略的意図という偏見を以って片付けてしまっている」とし、その「判決がでたらめである」と不満をつづった(現代仮名遣に改める。『岸信介の回想』三六四頁)。これが先に分類したどの流派に属するかは明らかであろう。この流れは今日まで尾を引いている。

上丸洋一記者は岸とは別の意味で「戦争責任の問題は東京裁判任せにしてはいけない、という意見はあった。しかし、それ以上議論は深まらなかった」と当時の模様を伝えている（引用文のルビ略―上丸洋一「新聞と9条」〈二六〉『朝日新聞』二〇一五年五月一二日）。

当時の「それ以上議論は深まらない」状況は、実はこれも今日まで続いていると言ってよい。ということは、先に指摘したように「批判派」の主張も時の経過とともに次第に「肯定派」に呑み込まれ、今日にその頂点を見るように「否定派」の主張のみが目立つようになったということである。

これらを別の視点からより正確に言えば、戦後五〇年（一九九五年）の「村山談話」（戦後の節目に発表する政府〈首相〉の歴史認識についての公式見解）で、東京裁判が提起した中国や韓国をはじめとするアジア諸国への日本の侵略行為を初めて公式に認めたものの、その後これを本気で受け止めようとする状況が次第に薄れてしまったということだ。これは続いて見る「村山談話」と対照的な戦後七〇年（二〇一五年）の「安倍談話」によく現れている。以下、両談話の内容を比較分析してみることで、なぜ「議論が深まらず」「否定派」が優勢化しつつあるのか考えてみたい。ここには現代日本の実情を理解するための鍵が含まれており、とくにそれは現体制が続く限り、安倍晋三首相後にも尾を引く問題だと言ってよい。

村山談話では「わが国は……植民地支配と侵略によって、多くの国々、とりわけアジア諸国の人々に対して多くの損害と苦痛を与えました」とし、「私は、未来に誤ち無からしめんとするが故に疑うべくもないこの歴史の事実を謙虚に受け止め」、これへの「痛切な反省」と「心からのお詫びの気持ちを表明いたします」としている。このフレーズには、日本国を代表する村山富市首相自らが植民地支配と侵略を認め（その責任を自覚し）、痛切に反省し詫びる姿勢が明確に現れている（http://ja.m.wikipedia.org>wiki>村山談話　最終確認二〇一七年一二月二〇日）。ところが二〇一五年の安倍晋三首相による安倍談話では、同じような文言を使いながら植民地支配や侵略を誰が反省し詫びているのか、表現が間接的で曖昧模糊としている。これも国民の代表としての首相の公式見解である。そこに、東京裁判後今日まで続く日本の状況が象徴的に示されている。重要なので安倍談話の内容をやや詳しく検討してみよう（全文は『朝日新聞』二〇一五年八月一五日参照）。

安倍談話──その解析

まず談話の肝心なところを引用してみたい。「我が国は、先の大戦における行いについて、繰り返し、痛切な反省と心からのお詫びの気持ちを表明してきました。」「事変、侵略、戦争。いかなる武力の威嚇や行使も、国際紛争を解決する手段としては、もう二度と用いてはならない。植民地支配から永遠に決別し……なければならない。」「先の大戦への深い悔悟と共に、我が国は、そう誓いました」。さらに「何の罪もない人々に、計り知れない損害と苦痛を、我が国が与えた事実。歴史とは実に取り返しのつかない、苛烈なものです。」──これを読みながら憲法の前文を読んでいるような、また先の米オバマ大統領の広島に「空から死が降ってきました」を連想した。他人事のような感じを免れない。

この「談話」の中で村山談話と異なるのは、「罪もない人々に計り知れない損害と苦痛」を与えた主体は受け止め方で意味が変わってくる抽象的な歴史の中の「我が国」であり、したがってそれに対する「悔悟」（文言自体は村山談話の横滑り）も抽象的な我が国であって、国民の代表たる生身の安倍首相自身の心とは必ずしも一致しない。むしろ別だからこそ、こうした他人事のような表現となったと見るべきであろう。すなわち主語は安倍首相自身とは別である。この点、村山談話では同じ内容の「損害と苦痛への反省とお詫び」の表明を「私は……この歴史の事実を謙虚に受け止め、お詫びの表明といたします」と主語（主体）が自らの歴史認識としてはっきり示されており、したがってその責任も認めている。安倍談話では首相自身が必ずしもこの侵略への責任を認めて反省・悔悟し、お詫びしているわけではない。

これを裏書きするかのように、罪なき人びとへの損害と苦痛に対して「歴史とは実に取り返しのつかない苛烈なものです」と表明する。これらは自分とは直接関係のないある時代の歴史の必然だったのでやむを得なかったということにもなろう。その結果であろうか、戦後史の焦点であり特別の意味を持つ「侵略」という言葉が「事変」「戦争」と同列に並び、その主体が分からないばかりか、戦争というものはもともとそういう歴史の必然からくる「苛烈なもの」なのだというように収斂していく。

こうして戦争責任問題は村山談話で一時自覚されたものの、その後は（それ以前からだが）議論が深まらぬままなし崩し状態が続き、今度の安倍談話で改めてその現状が追認された感じである。首相の「談話」は私人の見解ではなく、最終的には国民が責任を負う運命にあり、世界の人びとはこれを国民の見解であり総意として受け取るということである。

実は安倍談話にはもう一つの見逃せないポイントがある。この方が責任問題と直接関係していると言える。戦後生まれが人口の八〇パーセントを超えた現状をふまえて次のようにいう。「あの戦争には何ら関わりのない、私たちの子や孫、そしてその先の世代の子供たちに、謝罪を続ける宿命を背負わせてはなりません。しかし、それでもなお、私たち日本人は、世代を超えて、過去の歴史に真正面から向き合わなければなりません。……過去を受け継ぎ、未来へと引き渡す責任があります。」——前後が論理的につながっていない感じがする。この文章の流れの中では「謝罪を続ける宿命」を否定することと日本人（戦後生まれも含まれる）が「過去を受け継ぐ責任」があることとは別次元の問題のようでもあり、つながっている場合にも両者の間には少なからぬ齟齬というか、距離があるので少し立ち入って検討してみなければならない。まず全体の印象を記しておこう。

たしかに、戦後生まれでこの戦争を知らなかった世代の人たちにその罪について謝罪させるのは不合理であり、その必要はないであろう。しかし、日本ではそのことが戦後世代には国家の行った戦争について何の関係も、したがって責任もないことと同一視されてきたきらいがある。その非難を避けるためであろうか、他方で日本人（戦後世代も含まれる）は「過去の歴史」を受け継ぎ、「未来へと引き渡す責任」があるとして言葉の上でバランスを取ったように思われる。言葉だけが上滑りし、そこに重い歴史の実感がない。過去の歴史が自らのものとして受け止められていないからであろう。それは後にも見るように、義務教育の段階でさえ日本は過去の歴史を学ぶ現代史をないがしろにしてきたことと重なっている。学校の教科書では過去の真実をできる限り曖昧にしようとさえしてきた。「過去の歴史に真正面から向き合い」これを「未来へと引き渡す責任」など簡単に実行できるものではないことは何よりも歴代政権が実証している。

(3)　戦後世代に責任はあるか

戦後世代の戦争責任とは

ところで安倍談話ではよく分からない、あるいはいささかの欺罔感さえ漂う「戦後世代に謝罪の必要がない」ことと、にもかかわらず他方で「戦後世代にも過去を受け継ぐ責任がある」と言うこととの関係については、社会科学的な論理にも顧みつつここで改めて考えてみなければならない。

先にも触れたように、たしかにこの戦争を知らなかった戦後生まれには戦争の罪を謝罪する義務はない。しかしそういう人たちが現在に生きている国家は過去の国家と連続しており、そういう国家（国益）の恩恵を受けていまの生活が成り立っている以上、国家の行った戦争やその結果と決して無関係ではない。したがってその戦争が誤った行為であり（侵略は象徴的）、結果として被害者（被害国）に多大の損害と苦痛を与えたとすれば、そういう被害者（被害国）に対する国家の謝罪を求めるとともに再び国家がそのような誤った方向に進まないように注意深く見守り、その兆しがある場合にはこれに抵抗することは不合理どころか同じ国家を生きるものの義務とさえ思われる。その意味で、いまの国家を生きつつ国家の過去に無関心であることは許されず、もしそうならその責任を問われても仕方がない。「過去の歴史に向き合う」とか「過去を受け継ぐ責任」とは、このような実体というか、重い歴史の実感をともなうものでなければならない。それは単なる知識ではなく、人間の在り方と強く結びついている。そこには正確かつ精密な論理が要求される。ここにもポジティヴな責任が介在している。

かつて、家永三郎も戦後生まれで戦争を知らない世代にも責任があるとした。その理由は以下の通りである。彼らの「心身は、戦前世代の生理的・社会的遺産を相続することなしには形成されなかった。……日本人としての自己形成において戦前世代からの肉体的・社会的諸遺産の相続を放棄することは不可能であるのだから、戦争責任についてのみ相続を放棄することもまた不可能である」（家永三郎『戦争責任』三〇八―三一一頁）。視点は異なるが本質は以上に述べてきたことと重なっていよう。

こういう歴史の実体をふまえてこそ、「謝罪の不必要」と「過去を受け継ぎ未来へ引き渡す責任」をあえて結びつけた場合にも、その意味がかろうじて理解できるようになろう。そしてその場合には、戦後世代は過去を知らない無垢な存在だからこそ、歴代政権の方針とは逆に直近の過去（現代史）を正確に学ばなければならないのだ。ここでは人間形成の論理と過去の歴史的認識とは一体不可分である。やはり安倍談話は、こういう歴史的実体の脱落した単なる言葉だけのバランス論としか見えない。村山談話と同じ文言を使いながら、その論理を組み替え、そこから「精神」を抜き去ったものである。

責任の自覚は犯罪事実の認識から

戦後世代にはこの戦争について謝罪する必要はないが、一定の条件のもとでは国家の行った戦争責任から免れることはできないと述べた。しかしそのためには、すでに示唆してきたようにまず彼らがこの戦争犯罪の事実について真実を学び、その内実を正確に理解することが前提となる。もちろん自ら主体的に学ぶことが中心となるが、人格形成の過程という点を考慮すると学校教育のあり方も大変重要である。残念ながら日本の教育はこの前提に逆行するような実態であることは、第２章の教科書問題のところでも検討してきた。ここではこの点に関して同じ敗戦国ドイツなどの場合と比較しつつ少し考えてみたい。

歴代自民党政権には戦後世代の子ども達に〝お飾り〟や受験用暗記物としての歴史を勉強させることはともかくとして、血のにじむような生の現代史を学ぶことへの強い警戒感がある。というより、現代史（誠実に向き合えば必ず侵略問題に触れざるを得ない）を正確に教えなかったり、学ばせなかったりしてきた経緯がある。安倍談話の虚構はここでも明らかである。そのせいか、国際交流が盛んになる中で中国や韓国の留学生と日本の若者がせっかく話し合いの場をもっても、過去の歴史に話が及ぶと会話が成り立たない。留学生は恥ずかしそうに黙ってしまい、しばらくは沈黙の時間が流れる。例えば中国では日中関係についての現代史をしっかり学校で学ぶだけでなく、すでに取り上げてきたように「人民抗日戦争記念館」にクラス単位で訪ねるなどして、実感としても過去の歴史に思いをはせる工夫をしているのである。

この点、かつて三国同盟の一国で日本と同じような立場にあるドイツの戦後教育は日本とは全く対照的と言ってよい。日本記者クラブが企画した取材団の一員としてドイツの学校教育を見学した高野弦記者が興味深い報告をしているので一部引用してみたい。「一六～一七歳を対象にした歴史の授業。生徒たちは、強制収容所への移送記録などをもとに、ホロコーストの犠牲者や加害側一人ひとりの人生をたどり、紙に書き込んでいく。……教諭は『絶対に過去を忘れないようにとの思いを込めて、子どもたちに教えてきた』と語った。……ドイツではいま、多くの州で強制収容所について学ぶことが義務づけられ、実際に訪れる学校もある」（「ドイツの戦後　過去への責任　教育で実践」『朝日新聞』二〇一五年九月三日）。まさに戦争犯罪への了解論的理解の実践である。アプローチの方法以前に、南京虐殺や慰安婦問題そのものを教科書から閉め出す日本とは大違いである。

これらもその原点はドイツなどと異なって戦後責任を不問とし、「過去の総括」が不徹底だったことにあるが、そういう原点を培ったのは米国の意向をふまえての国策もさることながら、すでに分析してきたように責任を曖昧化したことに加え、権力や権威に弱く、体制に追随しやすい日本人の行動特性や状況順応性にあろう。そしてさらに基本的には、これらはその場としての日本の共同態的な社会構成に負うところが大きい。それは次章での分析からも明らかである。

(4)　戦争指導者の戦争観——ドイツの場合との異同性

東條英機らの証言——キーナン検事の驚き

ところで、歴代政権のこのような潮流のルーツはすでに東京裁判の審理過程の中にも見られる。戦後責任の問題から少し離れて、その点をもう一度振り返ってみたい。検察側は冒頭陳述で被告二八人を前に、その行為は「文明に対する宣戦布告」であり、「アジアひいては世界の支配と統制が目的だった」と主張した。これに対して、二八人全員がそれを否定して無罪を主張した。東條英機は「自衛のためのやむを得ない戦争だった」（書面）と主張し、法廷でキーナンに「道義的にも法律的にも、間違ったことをした覚えはないのか」と問われ、「間違ったことはない。正しいことをしたと思う」と主張した（『朝日新聞』二〇〇六年四月三〇日）。

キーナンはこうした被告全員の答弁を聞いて、「彼らの中の誰一人としてこの戦争を惹起することを欲しなかった」という抗弁をしたものはなく、また東條英機にいたっては「日本は真に平和を求めたと主張する程の厚かましさを有って居ることは如何に一九四一年一〇月の日本首相の如き悪性の人物とはいえ驚くべき事」だと主張した。——そして検察側の最終結論として次のように述べた。「彼らは自ら悪を選択し……数百万の人類に死と傷害をもたらし、彼らの軍隊が行くところ何処に於いても破壊と憎悪をもたらした戦争への途を辿るべく選択した。彼らはその選択を侵略へ、戦争へととったのであり、彼らは之を自由に且つ自発的に行ったのであり……この選択に対し、彼らは罪を負わねばならない」（吉見義明監修『東京裁判――性暴力関係資料』四六―四九頁）。

ところで、東條英機の主張は彼が東京裁判に備えて遺書のように残した「宣誓供述書」の中にも詳しく示されている。この供述書は東條が陸軍大臣になった一九四〇年（昭和一五年）七月から、総理大臣として総辞職した一九四四年（同一九年）七月までの活動について自ら語ったところを主任弁護士の清瀬一郎が書き起こしたものである。この中で彼は次のように述べている。

この戦争は「米国を欧州戦争に導入するための連合国側の挑発に原因し、わが国の関する限りにおいては自衛戦として回避することを得ざりし戦争なることを確信するものであります。」（読点は筆者）「国家の運命を商量較計するのが責任を負荷したわれわれとしては、国家自衛のために起つという事がただ一つ残された途でありました。」「この戦争は自衛戦であり、現時承認せられたる国際法には違反せぬ戦争なりと主張します。」したがって「日本帝国の国策は……侵略でもなく、搾取でもありませんでした」。さらにこの戦争の「敗戦の責任については当時の総理大臣たりし私の責任であります」（傍点略）。政治家と比べ軍人らしく論旨は明瞭である（東條由布子『大東亜戦争の真実――東條英機宣誓供述書』二三一―二三五頁）。

ここに言う「自衛」のもともとの意味というか、その原点は米英をはじめとする列強の抵抗に逆らって満蒙（満州に内蒙古の一部を加えたもの）の「領有権」を守ることである。満州事変の首謀者（作戦主任）であった石原莞爾関東軍参謀は満鉄調査員に対して次のように説いた。「満蒙問題解決の唯一の方法は満蒙を我有とするにあり」。また国民には「満蒙の真価、満蒙の占有は我が正義なること、対米持久戦の恐るべからざること」を理解させるべきだと主張した（加藤洋子『満州事変から日中戦争へ』一〇一―一〇二頁）。満蒙占領が「正義」である以上、とくに米国との戦争も正義の戦争であり、まさに自衛戦となる他はない。これが当時の為政者の主張するアジア太平洋戦争への発端となった「満州事変」の位置づけである。東京裁判の被告・東條英機の先の弁明もそれだけ聞くと奇異な感じもするが、この流れの上に立ってみれば彼なりに極めて自然だったことが分かる。

これは他の指導者の場合も大同小異と言ってよい。しかし、国連から派遣されて満州事変の実態を調査した「リットン調査団」は柳条湖での日本軍の活動はもちろん、満州の「独立」も認めなかった。日本はそれを振り切って国連から脱退し、対米戦に突入していったのである。満州事変の経緯についてはすでに取り上げた。

ちなみに、アジア太平洋戦争の始まりを日本が真珠湾を奇襲攻撃した一九四一年一二月八日の日米開戦時とする考え方があるが、それは少なくとも一九三一年の満州事変を嚆矢とするのが正しいことは明らかである。一二月八日の日米開戦はアジア侵略戦争の帰結（侵略を妨害する米国への攻撃）であり、「始まり」というなら「終わり（敗戦）の始まり」と言うべきであろう。しかし一二月八日説に依然こだわる向きがあるのは、謝罪や慰霊を米国に限定し、日米同盟を強化しようとする下心があるからであろう。謝罪や慰霊というなら同時に、あるいはそれ以前に日本の侵略によって厖大な犠牲を強いられた中国や韓国などにまずすべきであろう。一二月八日の日米開戦だけが吹聴されると歴史の真実を見誤るであろう。

ドイツの場合――アイヒマンとヘス

日本の戦争指導者（被告）はいずれも「自衛」を前提として自らの罪を否定し、その行為は正当だったと主張する。この点、日本と同じ立場にあったドイツの戦争指導者はどうだったのか。参考のためにハンナ・アーレントのアイヒマン裁判についての報告・分析からその異同性を考えてみたい。キー概念は「陳腐な悪」である（「凡庸な悪」とも称されるが、ここでは訳書に従った）。

周知のように、この著作は約六〇〇万人のユダヤ人をナチスの「強制収容所」（ガス室）に強制移送した罪（ホロコースト）で起訴されたアイヒマンが、イェルサレムの裁判所で裁かれる審理の一部始終を報告・分析したものである。一九四五年のナチスの戦争犯罪を裁くニュルンベルク裁判で繰り返しその名が出たアイヒマンは、その後各国を転々とする逃亡生活を続けたが、ついにアルゼンチンで発見され、一九六〇年にイスラエルのイェルサレム法廷で裁判にかけられた。彼はもともとSS（ナチス親衛隊）に入る前から「組織に入ることを好む人間であった」という。

アイヒマンは法廷で次のように証言した。「自分は決してユダヤ人を憎む者ではなかったし、人間を殺すことを一度も望みはしなかった。自分の罪は服従のためであるが、服従は美徳として讃えられている。自分の美徳はナチの指導者に悪用されたのだ。……自分は支配層には属していなかった。自分は犠牲者なのだ」「皆にいわれているような冷酷非情な怪物ではありません」。そして彼は自分の罪について「幇助および教唆」は認めるものの、犯行そのものは決して行っていないと主張した。実際にも死の収容所において「死の道具」を動かしていたのは通常の被収容者と犠牲者自身だった。アイヒマンの「自分は支配者ではないし、犯行に手を貸していない」とする主張を検察も認める他はなかった。

しかし判決は、このような「巨大で複雑な犯罪」にあっては犯行遂行のための「助言や勧誘」（先に言う幇助と教唆）という通常の概念を持出しても大した効果はないとした上で、さらに詳しく「多数の犯人中の或る者が実際の下手人とどれほど近い関係にあったかどうかは、その者の責任の範囲を決めるについて何の意味もない。反対に、概ね直接に死の道具を操った人間から離れれば離れるほど責任の程度は増大するのである」（傍点略）と述べ、同一二月一五日アイヒマンに死刑を言い渡した。それからほぼ半年後の一九六二年五月三一日、刑は執行された。

判決内容の説明にはアーレントも同意し、問題はこのような「人道に対する罪」さえ超えた「人類に対する罪」という巨大で根源的な犯罪にもかかわらず、それを行ったのはすでに示したように「善良で平凡」な人間であり、その点からすればまさに「陳腐な悪」という他はないという。彼はただ他者への想像力を失っていただけだ。そこに責任の自覚など生まれるはずはない。そして重要なことは、そういう人間が「組織と管理」の中でいかに変身するかに注目しなければならないとしている（ハンナ・アーレント『イェルサレムのアイヒマン——悪の陳腐さについての報告』二三一—二三五、一八九—二一五頁など）。

実はこれと同じような特徴は、アウシュビッツ収容所長だったルドルフ・ヘスにも見受けられる。それは彼が一九四七年、刑死を前に書き残した手記の中で述べていることからも明らかである。まず、これを先に見ておこう。

「アウシュビッツに大量虐殺用の場を整え、その虐殺を実行すべしとのヒムラー（SS隊長）の命令が伝えられたとき、私は、その規模と結末について、片鱗も思い浮かべられなかった。……しかし、命令ということが、この虐殺措置を、私に正しいものと思わせた」。そしてそれは実行された。「計画どおり、瞬時に死が訪れた。……この殺害にどれだけ時間がかかったか、私は知らない。しかし、なおしばらくの間、呻き声が聞き取れた。（ガス）噴射の際、少数の者が『ガス』だと叫び、ものすごい叫びがきこえ、両側のドアにドッと人がぶつかってきた。しかし、ドアは、この圧力にビクともしなかった。……（その後）私を襲ったのは、ある不快感、ある幽かな戦慄だけだった。……（しかし同時に）このガス殺人が私の心を落ちつけさせてくれたことを、はっきりといっておかねばならない」（括弧内は筆者）。

またヘスは次のようにも言っている。「たしかに私は、きびしく苛酷だった。……だが私は、一度たりとも残虐であったことはない。私は、絶対に我を忘れて虐待に及んだりはしなかった」。自らを信じる行為の「正当性」がこのような感情の矛盾を統合化するのであろう。

手記の最後は自らの死を前に次のように書いた。少し長いがそのまま引用しよう。「いつも私は運命によって死を免れてきたが、それも今、こうして惨めに絞り殺されるためだったのだろうか。軍人として名誉ある戦死を許された戦友たちが、私は、うらやましい。私はそれと識らずして、第三帝国の巨大な虐殺機械の一つの歯車にさせられてしまっていた。その機械も打ち砕かれ、エンジンがとまった今、私はその運命をともにしなければならない。……世人は冷然として、私の中に飢えた獣、残虐なサディスト、大量虐殺者を見ようとするだろう。——けだし、大衆にとって、アウシュビッツ司令官は、そのようなものとしてしか想像しえないからである。そして彼らは決して理解しないだろう。その男もまた、心をもつ一人の人間だったこと、彼もまた、悪人ではなかったことを」（ルドルフ・ヘス『アウシュビッツ収容所――所長ルドルフ・ヘスの告白遺録』一三六―一七九頁）。

さて、先のアイヒマンとこのヘスにはともにドイツ帝国の指導的軍人としての共通の特徴があることが分かる。ヘスの場合にもアイヒマン同様に巨大なナチズムの中で「自分」は正当な、したがって当然の行為を行ったものであった。それは「美徳」でさえある。もし非難されるべき点があるとすれば、ユダヤ人やロシヤ人などの大量虐殺をいくぶんのいらだちをもって「苛酷」にこなしただけで、それは決して「残虐」ではなく、まさに彼らにとっては「陳腐な悪」以外の何ものでもない。二人の本質は重なっている。ともに「善良」でちっぽけな人間だった。そうした結果が何をもたらすかは想像を超えており、また想像する必要もなかった。それはやはりナチズムという「自動」虐殺システムの閉鎖体制とそれへの「献身」からくるものであろう。

日本の場合と単純な比較はできないが、あえて言えばドイツのナチズムに相当するものは、日本では「自衛」というシンボルを支えとする国家共同態ないし軍事共同態であろう。ドイツがそうであったように、その中で個々の指導者（軍人）は自らに与えられた職務（義務）を「正当」に果たしただけで少しも恥じるところはない。それはまさに「正義」の行為であった。それが結果として何をもたらすか、まさに「陳腐」としか言いようのない「悪」が如何に根源的な悪に結びつくかなど、他者（とくに被害者側）に対する想像力を失った閉鎖共同態の中では考えるべくもない。そこにまた責任の自覚など生まれるはずはない。この点はドイツの場合と相通じるところがある。ただ、日本の場合は自らの正当性がシステム（共同態）自体への盲目的依存と天皇制的同化からくる（下降してくる）のに対して、ドイツの場合には自ら半ば積極的かつ「理性的」にシステムに従い、これを個として支えること自体に規範的正当性を見出そうとする点でいくぶんの違いはある。

そして重要なことは、ドイツの場合はこのようなしがらみから戦後は決別したのに対して、日本の場合には戦後どころか今日でもそのしがらみを引きずっていることである。そして、そこに国家の存在意義を見出そうとする人びとさえいる。このことはいずれ詳しく取り上げる。

スパンヤードの証言――右傾ポピュリズムへ

このような戦争指導者の思考とそれを支えるシステムや共同態に巻き込まれた場合に人間（部下）は一体どういう行動を取るものか、ここにもう一つの生なましい証言があるので是非つけ加えておきたい。それは指導者以上の残忍さを示すようになる。

当時オランダに住み、十代後半の少年だったB・スパンヤードはユダヤ系米国人だったため、アウシュヴィッツやブーヘンワルトなどのホロコースト収容所行きを免れ、各地の収容所を転々とした後、ドイツにあるベルゲン＝ベルゼン強制収容所に両親とともに収容された。この収容所は『アンネの日記』を残したアンネ・フランクが命を落としたところでもある。スパンヤードは感受性の強かった少年時代の苛酷な収容所体験を後に一冊の本として出版した。内容は筆舌に尽くしがたいが、その中にはやはり人間（この場合はナチ親衛隊）は一定の状況下におかれると残虐を残虐と感じず、逆にそれに笑って対応するようになるという一節がある。しかもそれは常識に反して女性隊員の方に多かったという。ごく一部を引用してみよう。

女性親衛隊警備兵のイルマ・グレーゼはまだ二十代初めで「金髪に氷のような青い目をし、ヒトラーの考えるアーリア系『優秀人種』の典型的な見本だった」。彼女は「収容者のからだに手をふれることはけっしてなかったが（シラミの付着をおそれて）、心理的に虐待することに喜びを持っていた。……たとえば毎日ぼくたちの区画に来て、大きなチーズサンドイッチやリンゴなどをわざとかじりながら……餓死しかかっている人たちに『ほらこれを見てごらん』といわんばかりに見せびらかす」。また「ある朝、いつものようにイルマが……朝の見まわりをしていたとき、一七歳くらいの少女（収容者―筆者）がうっかりして道をゆずらなかった。……直ちに立ち止まり衣類を全部脱いで鉄条網のそばに不動の姿勢で二四時間立っているように、と命じた。……（翌朝）彼女は凍え死んでいた」。

またあるときは、まさに気晴らしとしか言う他はないが、カポに命じて収容棟にある女性の死体と生きている女性の体をロープで結びつけさせ「女性が悲鳴を上げ出すと、イルマはカポに頭を棍棒で殴らせた。それから二つの体にガソリンをかけマッチで火をつけ、にやにやしながら火が消えるまで眺めていた」。……スパンヤードはいう。「警備兵の中でいちばんの悪人は男ではなく、女だった」（バリー・スパンヤード『地獄を見た少年――あるアメリカ人のナチ強制収容所体験』一八四―一二一頁）。

イルマは一九四五年一一月一七日にベルゼン裁判所で死刑の判決を受け、同年一二月三日に刑は執行された。最期の言葉は「早く済ませて」だった（https://ja.m.wikipedia.org/wiki/イルマ・グレーゼ、最終確認二〇一七年一二月二〇日）。

これを読みながら、これらは決して対岸の火ではなく、かつて日本軍が南京虐殺事件で無抵抗の「敵国人」に笑いながら暴虐の限りを尽くした事実と二重写しになるのを禁じ得なかった。閉鎖的な軍事システム（共同態）の中にあって、厳しい階級序列に位置づけられると普通の人間も一瞬のうちに人間の仮面をかぶった怪物に変質する。洗脳も働いていよう。これは今日でも決して夢物語ではなく、後にも示す右傾ポピュリズムの台頭とともに目に見えないところで世界がそのような方向に漸進しているように思われる。しかも当事者は自らの行為を「正義」のためと信じているところに一層の危険性がある。日本も決して例外ではない。これらは視点を変えれば、第1章2節で取り上げた集団と組織の「三過程原理」における「特殊形態」（強制的序列化）そのままの体現とも言える。

指導者の思想と行動を規定したもう一つの要因

責任不在のルーツをドイツの場合などと比較しつつ、戦争指導者の思想とそれを支えるシステムや国家共同態に焦点を当てて分析してきた。しかしドイツと異なり、日本の場合には責任不在を支え、かつこの状況を戦後まで持続させてきたもう一つの要因は、すでに分析・示唆してきたしてきたように東京裁判の中途半端さだった。それは東京裁判がもともと象徴天皇制を残すための「日米合作の政治裁判」だったことにある。この点ついては豊下楢彦の詳しい追跡があるので、その部分を引用してみたい。

昭和天皇の免訴問題と責任の処理、これと緊密に絡むアジアの被害国への日本の対応について彼は次のようにいう。天皇は戦争に関して「日本国の総覧者」であり「統治大権」を有したことから退任を含めてその責任をどう考えるかが政界指導部を中心に議論されたが、結局は退任せず、責任についても「既往の推移を深く省み、相共に戒慎し、過ちを再びせざることを堅く心に銘すべきである、と信じます」と表明することでそれ以上は深く踏み込まずに終わってしまった。その結果「『独立』以降の日本においては、天皇の戦争責任を問うことは事実上タブーとなったばかりではなく、ひいては戦争の本質問題をきり出すことが憚られる事態を招いた」（豊下楢彦『昭和天皇の戦後日本――〈憲法・安保体制〉にいたる道』六一―六二、二二六―二二六頁）。これに連動するかのように、日本の独立（国際復帰）のためのサンフランシスコ講和会議における吉田首相のポツダム宣言「受諾演説」でも、被害国への一切の謝罪はもちろん、責任にも触れなかった。

日本の戦争責任の追跡・追及が不完全であり、「戦後処理」がいまだ完全に終わっていないと言われることのルーツをたどってみた。本章の主テーマは、このような戦前戦中為政者の開戦責任の究明ではなく、これらの歴史的経緯をふまえつつ戦後の国家や国民がその責任をどう認識し、戦争被害国（者）にどう向き合うのか（向き合ってきたのか）というういわゆる「戦後」責任の問題である。それを本書の視点から分析してみることである。その一端はすでに東京裁判の受け止め方の中にも現れていることを示してきた。これらはいまの民主主義をどうとらえるのかという、まさに現代的な課題に直結している。すでにさまざまな形で検討してきたが、第5章は翳りつつある現代民主主義の行方に焦点を当てつつ、これらの残された基本問題をさらに追究してみたい。

第5章　不徹底な過去の総括と民主主義の翳り

〈はじめに〉

東京裁判をめぐる対応からも明らかなように、日本は「過去の総括」をしきれないまま戦後が続いてきた。過去の総括がしきれていないというのは、すでに分析してきたように戦後民主主義の原点を規定した戦争犯罪の認識と処理、その責任追及の不徹底に起因する。本章は、それらがその後の日本の戦後政治や日本社会の歩み、そして戦後民主主義にどのような影を落としているのかを具体的に検討してみるのが目的である。ちなみに、すでに取り上げてきた慰安婦問題・少女像問題が「日韓合意」にもかかわらず、実際にはその後も依然として解決の糸口さえ見出し得ない大本の理由もここにあると言ってよい。

1　日本政治と戦後責任の解体

(1)　独立幻想と中国・韓国への対応

新憲法には基本的人権に加えて、これまでなかった国民主権と平和主義という革新的な要素（というより、人権原理という方が適切）が盛り込まれた。しかしそれには同時に「主権」の存する国民の「統合」として天皇（制）が位置づけられ、「平和」は続いて見るように憲法に「優先」

すると言われる日米安保条約と一体である。ともかくも、このような形で出発する他はなかった。この問題を詳しく考えるためには、これまで検討してきたような流れに決定的な影響を与えた「サンフランシスコ講和条約」に改めて触れることから入るのが適切であろう。

責任無視の講和条約

一九五一年九月九日（日本時間）、米サンフランシスコで講和会議が開かれた。そこで日本は東京裁判の結果を受け入れて対日平和条約（正式名は「日本国との平和条約」、略して「サンフランシスコ講和条約」）に調印し、法的な「独立」を果たした（発効は翌年四月二八日）。しかしこの条約の中では日本の「戦争責任」は取り上げられず、講和会議には講和と言いながら肝心の中国や韓国、また台湾や北朝鮮も招かれなかった。さらにソ連やチェコスロバキヤなどが署名を拒否したため、講和条約は米国を中心に英、仏、オーストラリヤ、オランダなど西側陣営との「単独講和」となったのである。

本当の講和と独立を望むなら、まずは侵略戦争の最大の犠牲国としての中国や韓国との講和が前提でなければならない。しかしそこに踏み込めば必然的に戦争責任に触れざるを得なくなる。それを棚上げしてまでもともかく単独講和を急いだもう一つの理由は、ソ連（当時）を中心とする共産圏との「冷戦構造」が次第に明らかになってきていたという国際情勢の変化がある。すなわち、米国は日本をはじめとする講和国を共産圏の攻勢に対する防波堤にしたかったということである。それは日本の独立願望を満たすと同時に、米国の国益にもうまくかなう。もちろん、だからといって「過去」はどうでもよいことにはならない。実はそこに、その後も長く引きずる禍根の源があると言ってよい。

いまあらためてサンフランシスコ講和条約に目を通してみると、その一条でこの条約の発効により「日本国と各連合国との間の戦争状態は……終了する。」「連合国は……日本国民の完全な主権を承認する。」と宣言しているが、中国や韓国とのことはその責任問題を含めて一切触れてないので、これらの国ぐにとの「戦争状態」は終了せず、責任問題も未解決ということになろう。また対日賠償も連合国は事実上放棄しているが、中国や韓国などの対日賠償は残ったということである。これだけでも、講和条約と言いながらそれは極めて不徹底かつ歪んだ内容のものであることが分かる。

さらに問題なのは、このサンフランシスコ講和条約に続いて、これを補完するような「日米安全保障条約」(正式名は「日本国とアメリカ合州国との間の相互協力及び安全保障条約」、一九六〇年六月二三日発効)も同時に調印されたことであり、さらにまた同年にはその六条に基づいて日本基地内での管理権のほとんどを米国に譲り渡すという「地位協定」も結ばれた。これによって、米国が日本を防衛してくれるのだから日本がそれに協力(実質的には追随)するのは当然とばかり、憲法をないがしろにしてまで米国の望む軍備を増強しようとする動きが次第に強くなる。それは今日の自民党政権の憲法違反とまで言われる安全保障法制の成立まで一直線につながっている。

目下、緊急の問題となっている沖縄の辺野古移転をめぐるトラブルもその必然的結果である。サンフランシスコ講和条約で日本が「独立」した日は同時に沖縄だけが引き続き米施設下に置かれた日であり、沖縄にとっては屈従の日に他ならない。しかし自民党安倍政権は二〇一五年のこの日を、「日本独立」のめでたい日とばかり政府挙げての祝典を開催した。ここにいまの歪んだ政治問題の一端が集約的に現れていると言ってよい。

ここには国益の思想はあっても将来を見据えた人間の思想、そのもとになる人間として果たすべき過去への反省や責任観念はすべて脱落してしまっている。その裏返しが、すでに検討してきた中国の南京虐殺事件、韓国の慰安婦問題への対応であった。それらの問題点についても本書での分析視点、とくに責任論の枠組の中ですでに検討した。以下ではサンフランシスコ講和条約でも無視され、これまでの分析の中でも後の課題として詳細を保留してきた被害国への賠償問題などについて、さらに詳しく見ていきたい。それは南京虐殺事件や慰安婦問題とも通底している。

賠償と法的責任

南京虐殺事件も慰安婦問題も多くの一般住民を巻き込んだ非人道的行為であり、実質上の国際法違反にも匹敵する原罪的な犯罪であることは前章でもやや詳しく触れた。しかし日本は中国とは日中友好条約、韓国とは日韓基本条約ですでにその賠償問題は片づいたので（中国は最初から辞退）法的責任も終結したとしてきた。法的責任が果たし切れたのか否かはともかく、問題はそれによって同時に原罪的な犯罪も帳消しにし、本書の文脈でいう人道的責任まで放棄してしまったことであろう。

ここで、日本政府が法的責任終了の切り札とする賠償内容を示しておきたい。韓国については一九六五年の日韓基本条約において無償で三億ドル、有償で二億ドルが決められた（www.mofa.go.jp/外務省　歴史問題Q&A　関連資料/2015年9月18日、最終確認二〇一七年一二月二〇日）。

また中国については、すでに触れたように、賠償は中国側の辞退（請求権放棄）でなくなった。それに代わるというわけではないが、二〇一三年までにODAなどの形で無償一五七二億円、有償協力金（円借款）約三兆三一六四億円、技術協力金一八一七億円を拠出した（www.mofa.go.jp/外務省　対中ODA概要/2016年12月2日、最終確認二〇一七年一二月二〇日）。

これを多いと見るか少ないと見るかは人道問題を別としても、当時の両国、および日本の経済状態との関係も絡んでおり、一概に何とも言えない。ただこれですべての戦争責任は果たしたと見るのは、とくに中国の賠償辞退などを考えると、やはり軽きに失するというべきであろう。歴代政権のように仮に責任はこれですべて終わったと見る場合にも、賠償というものの性格からしてそれは過去の罪過に対する金銭的な償い（ネガティヴな責任）に過ぎず、せいぜい実定法次元での法的責任に限定されよう。これでポジティヴな責任の絡む人道的責任を含めて「過去の総括」はすべて終わったと主張することはできないであろう。両者は次元の異なる問題を含むからである。賠償の額そのものは本質的な問題ではない。

その判断を左右する要因として重要なのは、被害者としての相手国自身がそれをどう受け止めるかである。例えば、それは中国の周恩来首相（当時）の歴史発言などによく示されている。以下、ポジティヴな責任論の系譜に属する人道的責任をめぐる中国との関係についてやや詳しく見ておきたい。

周恩来の要求――賠償を超えるもの

一九七二年、日中正常化交渉で北京を訪れた田中角栄首相（当時）がおそるおそる賠償問題をもち出したのに対して、周恩来は賠償辞退とともに「日本軍国主義が中国で起こした残虐行為、その歴史的教訓を忘れてはならない」と注文をつけた。「忘れてはならない」ということは、「過去」が未来の問題につながっていることを忘れるなということである。罪過を本当に償いたいなら、賠償というそれで終わってしまう過去への償い（ネガティヴな責任）を超えて、中国が被り、いまでもその影響が残る犯罪事実をふまえつつ将来二度と同じ過ちを繰り返さぬように、という両国の未来のあり方をも規定する歴史への反省を促したかったのであろう。そこに、賠償次元での政治問題を超えた人道問題の原点があることを証言したということである。もはや、ここでは賠償という金銭の額の問題ではない。まさにポジティヴな責任の問題である。

肝心なところなので、日中正常化交渉時の模様を記録によってもう少し詳しく追ってみたい。「正常化交渉」は一九七二年、北京の人民大会堂で行われた。周恩来首相は田中角栄首相など日本人交渉団を前に次のように挨拶した。「一八九四年から半世紀にわたる日本軍国主義の中国侵略によって中国人民は極めて酷い災難をこうむりました」。「これまで『人的被害』は一千万人以上、財産損失額は『数百億米ドル』あるとしてきました。しかし国交正常化問題が解決するなら、両国民の友好の為に賠償金を放棄する考えがあります」（実際そうなった）。

戦争犯罪による中国の被害については南京虐殺事件を中心に見てきたが、ここで周恩来のいう中国の被った「極めて酷い災難」の中には中国人慰安婦などの問題も含まれていよう。人民大会堂での「交渉」模様を続ける前に、日本ではあまり語られない中国の慰安婦問題についてもこの際少し触れておきたい。

吉見義明によれば、中国人慰安婦の実態は元軍人の回想・記録などに多くを負うとし、例えば次のような大隊長の回想を挙げている。「両市塘に駐留していた前の警備隊長は治安維持会長に、まず女を差し出すよう要求したという」。この上で大隊長も「小さな警備隊では自らの力で慰安所を経営する能力がないので、中国側の協力に期待することになっており、ある場合には強制という形になっていたのかも知れない」と述べた。また、ある軍医の日記には揚子江沿岸にある村で、売春婦ではない二二名の地元女性たちが徴集され、性病検査が行われた様子が記されている（吉見義明監修『東京裁判——性暴力関係資料』一二一—一二九頁）。

東京裁判で国際検察局が日本軍の戦争犯罪を立証するために収集した資料の中にも次のような記述がある（要約）。「日本軍が現地の女性たちに対して『慰安婦』となるよう強制したことを示す資料と、強制の可能性を示唆する資料が」ある。またＩＮＳ通信特派員のジョン・ゲッテは山西省に滞在中、米英の宣教師から「各地の日本軍隊が其の土地の中国憲兵に対して、部隊の使用のために婦人を提供せよと云うことは通例行われて」いたと聞いている。すでに第4章でも指摘したように、東京裁判の判決も「工場を設立するという口実で……女工を募集し……婦女子に、日本軍隊のために醜業を強制した」として、軍による「慰安婦」への強制があったと明言している（同書一五一—五二頁）。やはり「酷い災難」の中には慰安婦問題も含まれていると見るのが至当であろう。

もとに戻るが、日中正常化交渉時での周恩来の挨拶に対して田中首相が「我が国が中国国民に多大のご迷惑をおかけしたことについて、私は改めて深い反省の念を表明します」と述べた。周首相は「ご迷惑」という田中首相の表現を問題にし、これは中国では「添了麻煩」に当たり、「女性のスカートに水をかけたときなどに使う言葉で、中国人民としては到底受け入れられるものではない」として抗議した。ちなみに、日本では相当深刻な過ちでも「ご迷惑」でごまかすことがあり、それは政治家や官僚の逃げの常套語にさえなっている。その習慣が出たのであろうか（https://ja.m.wikipedia.org/wiki/ 添了麻煩、最終確認二〇一七年一二月二〇日）。しかしともかくも、このような経過をたどって一九七二年、「日中共同声明」が調印され、国交正常化が実現した。そしてこの流れは六年後、自民党福田赳夫首相の時代に「日中平和友好条約」（一九七八年）となって結実した。その時代の中国の首相は登小平であった。

ところで、この交渉過程において肝心なことは周恩来首相の「我々のこのような（日本軍国主義の犯罪行為—筆者）歴史の教訓を忘れてはならない」という表現である。ここでは「日本軍国主義」という言葉が日本国民と区別されて使用されている。それは無用な混乱を避けるための政治的配慮——中国ではこれが国民を含めて慣用表現となっている——であり、実際にはそういう軍国主義も国民の積極的、消極的支持の上に成立したものであり、これは日本国民への要請と言ってよい。先にも指摘したように、中国が過去への償いとしての賠償を放棄するという寛大な措置をとったのは、日本がその意味での日本軍国主義に発する「歴史の教訓」を忘れず未来に向けて生かして欲しいからであり、そのことによって「両国民の友好」を築くためであった。そこにすべての原点（出発点）があり、それがまさに人道的責任（ポジティヴな責任）の遂行に他ならない。日本はそれに応えたであろうか。今日の姿を見るとますますそれに逆行しているという他はない。その「約束」が果たされないなら賠償も終わっていないと言われても仕方がないであろう。

ちなみに、中国社会科学院客員教授であったときの、北京大を含む院生・教官との議論も常にこうした暗黙の「歴史」を前提としていた。しかし同時に、不用意に歴史に触れて日本人としての私を傷つけまいとする繊細な配慮と思いやりが痛いほど感じられたのがいまでも強く印象に残っている。中国ではこの観念が定着しているということである。

ここでもう一つ重要なのは、賠償問題と過去の歴史認識は別の範疇でありながらも緊密な相関関係をもつということである。賠償（借款も含めて）は単なるその多寡自体の問題ではなく、相手の受容満足度は歴史認識との関係で決まってくると言ってよい。たとえて言えば、その満足度は賠償の多寡と歴史認識度との関数であり、賠償が小さくとも問題の歴史認識が深ければそれは大きな満足もたらすし、賠償額がいくら大きくとも歴史認識が小さければ、とくに最近の歴史修正主義のようにそれがマイナスなら満足度はゼロないし、あらぬ疑いさえ引き出す逆効果となろう。賠償の価値は歴史認識に基づく人道的責任によって意味づけられるということである。それは本書での視点そのものである。これは韓国との関係についても全く同じと言ってよい。韓国の慰安婦問題については、すでにやや詳しく取り上げてきたのでここでは省略するが、「日韓合意」で日本が一〇億円を拠出してもこの問題は少女像問題をも含めて依然解決の糸口さえ見えない。

金銭の拠出という行為が「過去の歴史」への誠実な反省と実践によって裏打ちされていないからである。

(2) 戦争犯罪と了解論的認識の欠落

法的責任と人道的責任

未来への中国との約束が果たされないまま、懸案の賠償問題が「片づき」、日中友好条約の成立ですべては終わったとして「過去の歴史」を無視する日本政治のよって来る大本には何があるのであろうか。国際情勢の変化やこれに呼応する米国との同盟関係強化の反作用などいろいろな外的条件が考えられる。しかしやはりその原点には、すでに取り上げてきた戦争犯罪についての認識（とくに了解論的）の欠如とポジティヴな責任論の不在があろう。国益ではなく人間（内面）の問題である。それは日韓基本条約の成立ですべてが終了したとする韓国についても同じことが言える。

一部繰り返しになるが、ここで改めて責任論との関係で問題の要点を振り返ってみたい。侵略戦争がもたらした被害国への犯罪責任は一定の賠償云々という過去への償いだけですべてが終わるわけではない。仮に賠償が完全に片づいたとしても、それは法的次元でのネガティヴな責任の遂行に過ぎない。南京虐殺事件や慰安婦問題など人間の原罪にも匹敵する人道的犯罪は、戦後の今日まで有形無形の後遺症として中国・韓国人の心身に深く刻まれている。そういう犯罪は被害国の経済的損失や被害人数といった過去の因果を問う客観的アプローチを超えて、被害者の今日まで引きずってきた人生の内面にまで下りての了解論的アプローチが不可欠である。これは個人間の犯罪でも全く同じである。前者のような過去への因果論的責任認識に基づくものをネガティヴな責任、後者のような了解論的責任認識に基づくものをポジティヴな責任と呼んできた。

ネガティヴな責任とポジティヴな責任は深くつながっている。いみじくも周恩来首相が言うように、それは賠償などという金銭で解決する安易な方法を超えて、両国民の心からの信頼と友好を前提としてのみ果たされるものである。日本がそれに応えることがまさにポジティヴな責任の遂行であり、そのときはじめて賠償など過去へのネガティヴな責任遂行も被害国に積極的に受け止められると同時に、本来の意義を発揮することができよう。しかしポジティヴな責任が果たされないのであれば、またネガティヴナ責任も逆戻りしてしまい、それ自体がトラブルや駆け引きの対象と化し、そこから抜け出すことができなくなる。賠償は多いのか少ないのか基準がなく、意味が曖昧模糊としているからである。

これは日本国と日本国民の心のこもった反省と謝罪をことあるごとに要求する韓国の場合も全く同じであろう。国家間の友好は単なる金銭問題を超えて、過去を見据えた人間としての誠意にこそ原点があることを物語っている。そして、本来ならそれを見守る（保障する）ためにこそ日中友好条約や日韓基本条約のような法的保証が必要だったと見るべきであろう。ところが現実は逆さになっており、後者が曲がりなりにも「果たされた」ので前者も終了したと思い込む。ここに根本的な錯誤がある。

過去に向き合うドイツ

この点、三国同盟の一国として日本と同じ立場にあったドイツの場合が大変参考になる。ドイツは戦後の出発に当たって、アデナウアー首相がユダヤ民族に対するナチスの想像を絶する迫害、すなわち人道的犯罪とその責任を認めて心から謝罪するとともにイスラエルに保障（賠償）し、それを確実に果たすための保障法まで成立させた。すでに指摘してきた人道的責任と法的責任との理想的な補完関係がここにある。国情が違うとはいえ、過去の人道的・道義的責任を認めつつ法的にもそれを担保するという点で日本とはまさに対照的と言える。ポジティヴな責任＝ネガティヴな責任の実践である。これを引き継いだワイツゼッカー大統領も「荒野の四〇年」（一九八五年）という演説の中で、「われわれ全員が過去に対する責任を負わされている」「過去に目を閉ざす者は結局のところ現在にも盲目であります」と述べている。よく知られた名言である。これは現メルケル首相にもそのまま引き継がれた。

約七年振りの二〇一五年に日本を訪問したアンゲラ・メルケル首相はその時の講演の中で次のように語っている。「ドイツは幸運に恵まれました。……ナチスの時代、ホロコーストの時代があったにもかかわらず、私たちを国際社会に受け入れてくれたという幸運です。どうして可能だったのか。一つには、ドイツが過去にきちんと向き合ったからでしょう。そして、全体として欧州が、数世紀に及ぶ戦争から多くのことを学んだからだと思います」（メルケル「講演全文」『朝日新聞』二〇一五年三月一〇日）。「過去の総括」をきちっとしたことで、ナチスの被害国をはじめ国際社会全体に受け入れられたとする。ここでも日本とは対照的である。このような戦後ドイツの聡明な決断があればこそ、先に紹介したように若者がホロコーストを了解論的に学ぶ戦後教育とその実践が可能だったのであろう。

虚勢と被害者意識

もとに戻るが、日本はこのような「過去の総括」を放棄し、曖昧にしたまま「日米同盟」に依存することで戦後の独立を急いだ。足もとが不安定なのにその上に乗っかる顔だけがいかめしい姿に見える。そう見せようと虚勢を張る。米国の力を後ろ盾に中国や韓国に強く出るのもその一つなのであろう。それを見抜いて暗黙の内にうまく日本をコントロールしようとする米国の真意は何かを、それこそ本気で日本は見抜かねばならない。いまやそういう時期に来ている。しかし日本は日米同盟を神聖視するあまりそれに酔い、過去などには目もくれず虚構的独立をまっしぐらに突っ走ってきたし、いまもその渦中にある。その軌道が照らすもの意外は目がくらんでよく見えない。その延長上に立憲主義をも無視して突っ走る現下の政権があり、しかも社会状況の煙幕に巻かれて日本人の半数以上がこれを支持するという日本の未熟な民主主義がある。というより、そうした日本の政治が戦後民主主義の深い翳りを招いたと言うべきであろう。

ちなみに、「共謀罪」の本質をもつ「組織的犯罪処罰法」改正案についての世論調査（『朝日新聞』二〇一七年四月一五・一六日実施、報道は同一八日）によると「賛成」が三五パーセント、反対が三三パーセントだった。性別では「賛成」について男性が四二パーセント、女性が二八パーセント。また驚くことに（当然かも知れないが）若者層ほど「賛成」が多く、四〇代以下の四〇パーセントが「賛成」という。現安倍内閣についても年輩者より若者の方の支持率が高い。歴史への無関心と無知、それに強いものにすがりたい潜在意識からくるのであろうか。義務教育から現代史が脱落する日本の歴史教育の「成果」であり、政権が暴走する陰のエネルギーになっている。

日本人が歴代政権（多くは強権政治）への批判意識をなかなか研ぎ澄ますことができないのは、もちろんすでに分析してきたようにメディアや教育をも巻き込んだ権力統制や歴史教育、さらに日本人特有の権力に対する忖度構造に多く起因する。しかし他方で、これもすでに分析してきたように戦争犯罪に絡む歪んだ戦後過程にも強くかかわっている。この後者の問題は吉田裕の指摘する戦後の国民意識の形成論と重なるところがあるので、その一部を引用（参照）しつつ改めて考えてみたい。彼は次のように指摘している。

第一に、サンフランシスコ講和条約で日本の戦争責任が問われなかったり、冷戦の始まりなどで「加害者の記憶が封印され、国民は戦争の犠牲者であり被害者であるという認識を基盤にして、独特の平和意識が形成された……逆にいえば、そうした平和意識は、アジアに対する加害の歴史を忘れさることによって、はじめて成り立っていた」。加害を忘れた「被害者」が政権の被害国への責任放棄を批判する根拠など有するはずもないということであろう。

第二に、「国家指導者の国民に対する責任までもが曖昧にされたこと……（それは）戦争末期から、国民の間に、国家指導者に対する反感や不信感がひろがっていたが、敗戦は、それを決定的なのもとした。」その結果、東京裁判で国家指導者の責任が曖昧にされたことと相まって「戦争の責任は軍人を中心にした国家指導者にあり、自分たちは国家指導者たちの誤った政策の犠牲者だとする国民意識が広範に形成された」。この指導者への責任転嫁が一番目に挙げた被害意識と結びつき、国民自らの責任意識を育てなかったということになろうか。

第三に、「連合国との政治的和解を促す冷戦の論理」を挙げているが、この点は本書でもすでに詳しく検討してきたのでここでの紹介は省略したい（吉田裕『アジア・太平洋戦争』二三二―二三五頁）。

一番の問題は、国民の被害者意識がかつての戦争指導者への反感のみに転稼されてしまったところに――そこで溜飲を下げてしまい――その後の政権への批判・抵抗意識が育たなかった重要な要因があるということであろう。敵を外につくる共同態的な馴れ合いの中で個の責任などは蒸発してしまった。これはすでに分析してきたように、今日の日本人の権力への批判意識の鈍磨と重なっていよう。それはまた、憲法をないがしろにしてまで「戦争法」（安全保障法制）に執念を燃やす政権への批判が長続きしないいまの姿にも直結している。

このような流れを裏返してみるとどうなるか。過去への責任（清算も含め）に無頓着で、中国や韓国との「歴史認識」にギャップがあり、真の友好関係が築けないところに日米同盟の強化＝集団的自衛権行使によって日本がどんどん軍備を拡大増強していった先に何が待っているのだろうか。かつての被害国からすれば過去の悪夢が蘇り、不安を通り越して敵対心さえ招来しかねない。これは強権政治の独走とばかりは言えず、それへの批判を持続できない一般国民の方にも多くの責任があろう。そして結果的には、被害国の軍備拡大を促すだけである。

真の安全保障は上から外から押さえつけるより、下から内からの和解と友好によって相互に敵対国をつくらないことの方がよほど現実的かつ効果的である。例えばアジア共同安全保障システムなどへの模索である。それが決して非現実的な幻想でないことは、すでに周恩来の賠償をめぐっての日本に対する歴史認識とその要請の中にもはっきり示されている。彼の政治理念は「両国民の友好」であった。

2　国益と人権の矛盾

(1)　国益を支える成長至上主義――安保法制と一対のアベノミクス

トリクルダウンの虚妄――格差の拡大

繰り返すように、日本の戦後は中国や韓国などに対する戦争犯罪の了解論的次元――ポジティヴな責任論次元――での認識をおろそかにしたままの、米国を後ろ盾にした疑似的な独立への道程であった。高度成長とそれに続くバブル経済は日本の大国意識を培い、そうした「独立」意識を確実に高めていった。そして高度成長やバブルが崩壊した後にも、紆余曲折があったとはいえ――格差社会の拡大はその最大のもの――そうした大国的自尊心とそれに基づく政治姿勢だけは今日まで受け継がれてきた。

これは裏返せば、日本の戦後過程は一時期を除いて人間を見ず、あるいは軽視し、もっぱら国益中心（それも歪んだ）の歩みだったことと軌を一にしている。国土もろとも疲弊した戦後の一時期はそれでよかったのかも知れない。国益とは、現在の最大の問題として言えば安全保障のための「抑止力」の強化、すなわち人権を無視してまでの軍事化であり、その裏にはそれで利益を得る層が必ずいる。そしてこれを経済面から支えるのが今日の新自由主義だと言ってよい。自民党安倍政権がとってきたアベノミクスもこれと重なるであろう。

前者が人間軽視につながることは明らかだが、後者のアベノミクスも円安と株価の上昇（大株主の利益）、それによる大企業の利潤増大が中心で人間（とくに庶民大衆）の生活は置き去りにされている。安倍政権が言い訳の理由としてきたところの、経済が成長すればその利益は下にしたたり落ちるというトリクルダウンさえ全く機能していない。逆に格差は開くばかりである。独立であるべき日銀と一体で進めてきたアベノミクスによる成長政策は、すでに指摘してきたようにもはや破綻していると言ってよい。しかし日銀は意地と虚勢にさいなまれてか、マイナス金利政策まで導入してアベノミクスのアクセルを踏み続けてきた。

当時を振り返ってみると、アベノミクスが目指した経済成長であるが、二〇一五年四〜六期の成長率はマイナス〇・四パーセント、年率一・二パーセント減で、この傾向は一時的なわずかのプラスを除くと過去一年間ほとんど変わらない（「内閣府」二〇一五年九月八日）。異次元の金融緩和で円安を招き、輸入品の割高もあって国民の消費が伸びず、企業も設備投資を控えて生産を抑制したため実質賃金が上がらず、二〇一五年六月時点でも前年比マイナス〇・三パーセントである。その後成長率そのものはいくぶん上昇した。他方、正規雇用者はあまり増えないのに非正規雇用者は二〇一五年六月の時点で、前年同期より三二万増の一九五三万人（全労働者の四〇パーセント）となった（総務省「労働力調査」二〇一五年四～六月期）。有効求人倍率や完全失業率がいくぶん改善されたとはいえ、それは非正規雇用者の増加によるものである。名目ＧＤＰをはじめ見かけの有効求人倍率や失業率は今後も外的な条件によって浮き沈みするであろうが、それが実体経済（基礎体力）の成果がもたらす持続的なもの（格差解消）に結びつかない限り本物とは言えない。これは基本的には二〇一七年時点でも同じと言ってよい。

他方では、異次元金融緩和による国の厖大な借金の穴埋めとばかり、各種の税金が上がったり、医療・介護費の本人負担増や年金の引き下げなど不合理な現状が続いている。他方、軍事費だけはふくれ続ける。このような不合理や矛盾が出てくる一番の要因は、繰り返すように実体経済を軽視（ないし無視）して経済成長至上主義に走ったアベノミクスによると言ってよい。それがいまや異次元緩和という主動力（第一の矢）のところから崩れ出したということである。これも結局は、国益のみが重視されつつ国民個々人の人権（庶民の生活）が軽視されてきたところにその出発点があろう。アベノミクスは国民生活のためではなく、「安全保障」（国益）のためだったということである。

地域社会の衰退

ここで国益第一主義の矛盾がもたらす地域社会への影響についても簡単に触れておきたい。大企業優遇の裏で、食料は外国からの輸入が安上がりとばかり地方の基盤産業としての農業を軽視した結果（食糧自給率は四〇パーセントを切った）、働き手を中心とする地方人口は急速に減少し、いまや地域消滅の恐れさえ出てきている。総務省の発表では、二〇一四年一〇月時点の人口推計で、全四七道府県のうち四〇道府県の人口は一年前と比べてすべて減少、これは比較できる一九五〇年以降で二〇一一、二〇一二年と並んで過去最多だった。

離島を除いて全国で最も人口が少ない高知県大川村は一九六〇年には約四一〇〇人が暮らしていたが、二〇一七年現在はその一〇分の一の四〇〇人になってしまった。議員も六人となり議会が成り立たず、村長は地方自治法に基づいて議会を廃止し、有権者が直接に法案を審議できる「町村総会」の設置を検討しているという。なお二〇一六年時点で、議員が六名以下の市町村は全国に一一町村ある（『毎日新聞』二〇一七年五月一日）。

農業の衰退はいうまでもなく食糧問題や人口問題だけでなく、古来日本人のこよなく愛した自然（環境）が失われることを意味する。人口が減少して基幹労働者がいなくなれば、地域の自立にとって最も重要な教育や福祉も衰退の道をたどる他はない。地方にシャッター商店街が広がるのも宜なるかなである。最近は企業の参入で農業を活性化するとしているが、日本自体が一大山脈と言われるように平地が少なく、断片化した日本の農地風土の中でそれが後あとまでうまくいくという保証はない。安倍政権はこうした地方の現状には目もくれず、逆にそれに拍車をかけるような農業と医療に最も打撃の大きいTPPを血眼になって推進しようとしてきた。

ところがこのTPPは、米トランプ新大統領の米国離脱表明で頓挫することが明らかとなった。しかし自民党政権は二〇一六年一二月九日に強行可決した関連法を撤回せず、日米二国間にも余韻を残した新たな協定に向けてその体制をそのまま維持しようとしている。

考えてみれば、安保法制（憲法問題）、アベノミクス（格差問題）、ＴＰＰ、原発再稼働問題、沖縄辺野古問題、それに強行策で成立させた共謀罪問題などはどれも今日の最重要課題である。これらはすべて、ここで分析してきたような流れに乗って相互につながりながら進行している。逆に、この流れの中にこれらを置いてみることでその一つひとつの真相がよく解読できる。

最後に付け加えると、もちろんすべての国益が悪いというわけではない。国益なくして国家は成り立たない。憲法違反とも言われるような人権無視、格差の拡大で生活者の生存までが脅かされるような国益追求では本末転倒だというに過ぎない。

(2)　戦後民主主義は虚妄だったのか——日本の岐路に立って

振り返って

これまでの分析経過をここで繰り返すことはしないが、本書の隠れたもう一つの課題でもあった「包摂と排斥の三過程原理」や共同態論を含む集団原理論の有効性については、現代でも十分にその効果は発揮されていることが検証されたと言ってよい。

そうした原理を貫く日本の戦後社会はさまざまな経過をたどりつつ、敗戦当初にはかろうじてもっていた人間に向き合う民主主義が、次第に国家優先主義（軍事）と新自由主義（資本の論理）の両輪に呑み込まれ、いまや風前の灯のようになってしまった。その間隙には全体主義の風潮さえ忍び込んでいる。状況は一九三〇年代の満州事変前夜に相当するとも言われる。戦後民主主義のこのような衰退は、ややはり戦争責任の清算が中途半端なまま再出発したところに最大の理由があることを繰り返し指摘してきた。これら一連の問題はもちろん政治に一番の責任があるが、しかしそういう政治を支えたのは時の権力ともつながり、個々人にとってもいくらかの打算を包み込む集列型共同態にとり込まれ、自らの主体性を失ったわれわれ国民であることも忘れてはならないであろう。

ポピュリズムの誘惑

最近気になるのは、国民のさまざまな不満や抑圧を餌に、歴史と現実におけるこのような根本問題とその反省をさらに遠くに追放してしまうようなポピュリズムの誘惑が忍び寄っていることである。今日の流行語で言えばポスト・トルース（脱真実）ともつながっている。ヤン＝ヴェルナー・ミュラーが指摘しているように（第2章）、ポピュリストの政策は大衆の不満をもとに自らを「道徳的に純粋で完全に統一された人民」と同一視し、「自分たち……だけが、人民を代表すると主張」する。そして現実の真相や根本的問題に迫ろうとする「エリート」（専門家）たちを「腐敗し……道徳的に劣っている……人民の敵」として攻撃する。こういうポピュリズムの世界観がそのまま日本に広まっているとは思わないが、最近の学問（本来の専門）軽視や目先の利害打算に訴えて国民の感心を買おうとする社会状況の蔓延（風潮）にはその片鱗を見ることができる。排除と差別、分断と憎悪を煽って人びとをひきつけようとする傾向も似てきている。

彼はさらに言う。「民主主義にとっての脅威は、民主主義的な理想を体系的に否定する包括的なイデオロギーではない。……（真の脅威は）民主主義の最高次の理想（「人民に統治させよ」）の履行を約束する、民主主義の堕落した形態」としてのポピュリズムである。まさに「脅威は民主主義世界の内部から来る」という（前掲『ポピュリズムとは何か』八―九、二六―二七頁）。日本の強権政治が多数派こそ国民の真の代弁者とばかり、その批判には目もくれず多数決で押し切る「強行採決」も民主主義の内部からくるポピュリズム的な脅威でありかつ腐敗であろう。戦争責任が「一億総懺悔」で霧消したように、安倍内閣の「森友・加計疑惑」を含む目に余る醜態も「国難突破」というポピュリズム的共同幻想の中に溶解してしまうのであろうか。このようなポピュリズムの誘惑に負けて歴史の「真実」まで押し流してしまってはならない。

これまで本書で展開してきた人間と社会の原理と本質、それを貫く歴史の流れをしっかりふまえれば、時の政治状況を中心とする目先の風潮やポピュリズム的動静にあたふたする必要はない。またこれらの原理や本質を貫く歴史的現実、あるいはそうした原理や本質が問うてきた（対象としてきた）日本の病理的現実自体も日本人と日本社会の深層構造に深く根ざしており、残念ながら似たような政権が交代するくらいではそう簡単に変わるものではないのであろう。その意味で具体的に言えば、これまで分析してきた自民党組織は極端な例かも知れないが、それだけに日本社会の病的本質や原理を象徴的に示しており、しかもそれは多かれ少なかれ日本の至るところに見られる普遍的な特質である点が重要である。

すべてが虚妄ではなかった

戦後民主主義はこれまで検討してきたように、当初から戦争責任ないし過去の総括が不徹底という問題（原点）をはらんでいた。しかし新憲法による全く新しい価値体系への転換の中で光の方に目がくらみ、その底（闇）に沈んでいたそれらの歴史的〝やましさ〟が見えなくなっていた。というより戦後しばらくは、そんなしかつめらしい問題の詮索より、憲法がうたうバラ色の夢の方に全身酔っていたと言うべきかも知れない。

しかしそれでもそこには同時に、これまで専制権力を欲しいままにした旧体制への強い抵抗感覚も実感としてちりばめられていた。そしてそれは時に行動となって現れた。当時のいろいろな社会運動がそのことを示している。その意味では戦後民主主義がすべて虚妄だったとは決して思わない。むしろ見方によっては、歴史の方向感覚を失わせるようなテレビもスマホもなかった貧しいこの時代の方が、人びとにとっては「酔い」つつも直前の「過去」という思考の原点が生きていただけに、民主主義の行方に敏感で批判的だったと言えよう。それは今日の「豊かな」時代の大学生の半数が、スマホにかまけてか一日の読書量ゼロ（「全国大学生活協同組合連合会」調査）というあっけからんとした漂流時代との違いを見るにつけても感無量という他はない。これでは政権批判など起こりようがない。

序章でも触れたように、その意味では敗戦直後の「バラ色の夢」もまた一つの確かな現実であり、ほとんどの国民はそうした戦後民主主義を信じ、そこに未来を託そうとしてきた。これは敗戦直後に少年時代を送った私自身の実感でもある。

だが時代はめぐり、冷戦構造の到来とともに成立したサンフランシスコ講和条約によって「過去」の忘却にさえ半ば〝正当性〟のお墨つきが与えられ、さらに六〇年安保を経て五五年体制も終わりを告げ、その後じぐざぐはあったものの、いまや自民党一強体制による新安保法制時代となった。時代が一回転、二回転する中で、いわばこれまで公然の秘密だった――しかし、心の隅には忸怩たるものがあった――歴史の〝やましさ〟が権力の吹きかける熱き条件によって逆にその上に開き直るのを当然視するような状況となってしまった。その背景にはもちろん保護主義（新ナショナリズム）の台頭による世界の新たな緊張関係の増大などもあろう。そして何よりも重要なのは、そういう時代（権力）のメッセージを人びとが自分なりに吸収・肯定し、異端を認めない社会状況の壁をつくってしまっていることである。

ここで詳しくは展開しないが、ともかくもそのような状況の変質によって、逆に伝統（旧体制）回帰的政権の方が叱咤激励されるという時代となった。両者の相乗作用がもたらす嵐の中で、かろうじて生きながらえてきた戦後民主主義もいまや瀕死の状態に陥ってしまっているということである。

最後に一つ言えば、繰り返すように過去を葬って日米同盟に安穏とすがりつくだけでは独立幻想に病んだ永久属国の道が待っているだけであろう。〝やましさ〟の隠蔽や逆にその上に開き直るのではなく、その本当の克服のためには過去をふまえつつ中国や韓国をはじめとするアジア諸国との信頼関係を取り戻すことから始めねばならない。それをふまえた米国との友好関係こそが、もし望むなら本物の「日米同盟」への第一歩となろう。これは政権交代を超えた共通課題と言ってよい。それがまた自信と矜持をともなった本当の独立国家への道だからである。日本はいま重大な歴史の岐路に立っている。

あとがき

日本が時代の重要な曲り角にあるためか、書店をのぞくと安全保障問題や憲法問題、また戦後史から勇ましい国体論や戦争論に至るまで、時事的な本が所狭しと並んでいる。これにもう一冊を投じようなどという殊勝な意図は毛頭ないし、またそういう能力もない。そうした時代の状況を共有しながら、やや僭越な表現を許してもらうなら、この緊迫した時代の分水嶺を前にして、あるいはその中でこそ、これまで自分なりに追究してきた日本社会の集団的特質（原理）や集団文化論（行動様式）の功罪が検証できるのではないかと考えた。それが本書執筆のそもそもの動機と言ってよい。

もちろん、次つぎに押し寄せる新しい問題にどうアプローチするかは、ただ既成の枠組や論理をそのまま当てはめればよいといった単純なことではない。そして、その先には当然ながら日本の政治病理の解明という重い課題が待ち受けている。同じ論理（原理）で切った政治病理の断面も、時代や状況が異なればまたその図柄や色彩は変わってくるであろう。

そのような動機を育んだ潜在的な条件にもいろいろある。これまで書いてきたものの一つの総決算としたいとか、年齢とともに狭まっていく社会の窓口を最低限確保しておきたい、あるいはまた、これまで様々な形で賜った多くの人の恩恵に少しでも応えられればといったごく個人的なものから、いまの社会状況に対するある種の苛立たしい抵抗感といったやや社会的なものまで。

ここでは後者の社会的なものについてだけ少し記しておきたい。

このごろは重要な物事ないし社会現象を前にして、直ちにそれに役立つ解答を求めようとする、あるいは答えようとする近視眼的な風潮が大変に強くなっている。これは内外の問題を含めてである。しかし重要な問題であればあるほど、その真相は一歩退いて多角的かつ歴史的な長いスパンの中でなければ見えてこないものである。周囲を見渡せば、そんな迂遠でまだるい話など不要とばかり、直ちに役立つ質問と解答のみがごく自然の情報として飛び交っている。自分好みの世界を構築しつつ、それを普遍的なものと錯覚させるネット社会の特徴がこれに一層拍車をかける。ジャーナリズムを忘れたマスコミ、あるいは贋物ジャーナリズムの煽動力も大きい。さらには反知性主義やポピュリズムの影響もあろう。

そして心しなければならないのは、人間はそういう状況下に長くさらされると、それがごく自然に身体の内部にまで浸透し、それにふさわしい――違和感さえ感じない――人間（体質）に形成されていくことである。これでは社会の真相や真実は人びとの意識しないところで隠されたり、歪められたりしてしまう。というより、それを当然と思うような人間ばかりが産出されていく。これが逆に反知性主義やポピュリズムを誘発するという悪循環さえ起こりうる。最近はヒットラーの単純明解な言説が好まれているという。こうした短絡的な風潮が負の情念と絡み合いつつ右傾化を促す素地とさえなっている。

しかし考えてみれば、歴史に顧みつつ物事の本質や原理にまで遡って解答するのは容易ではない。またそういう解答を要求する質問自体が時勢柄たいへん困難になってきている。それは以上の問題とともに、とくに社会的な問題の場合には、そうした視点に立つことは同時に体制（権力）への抵抗を必然的にはらむようになるからである。旧守的・戦前回帰的な権力が幅を利かす時代を反映してか、残念ながらそうした視点に立つことを使命とする学問の世界や研究者のあいだにさえ、あえてそんな危ういところには近づきたくないという傾向は及んできている。

真理の探究などという言葉も、少なくとも社会現象に関する限り死語になってしまったのかも知れない。展望の見えないふやけた抑圧的社会状況の蔓延もそこに一因があろう。その間隙を縫ってか、差別を揶揄し正当化するような風潮さえ現れてくる。またそのせいもあるのか、最近の社会を語る言葉には一貫した明晰な論理が見られないのはもちろん、即物的で潤いも香りも、伸びも陰翳もない。社会は歴史に届く深層から表層まで重層的に構成されており、かつ幾重もの表と裏のねじれた顔をもつものであることが忘れられているからであろう。そこにあるのは言葉の断片や駄弁の氾濫という、まさに「言語のスラム」（S・ソンタグ）である。すさんだ言論に覆われた日本の政治（政界）にもその典型を見ることができる。「言論の府」と言われながら国民の心に響く言葉はほとんどない。それはとりわけ与党の答弁に著しい。

どこに真理があり、真実があるのか。近視眼的な風潮や不埒な社会状況を超えて、歴史に根ざす繊細で透徹した思考が必要になってくる。人間性への精察も欠かせない。計算や分析よりも前に、まず人間をまるごと正確にみることが大切である。本来の科学は人間論や文学とも決して無関係ではない。まともな科学は人間存在の原点に通底している。

本書の素稿は資料分析は別として、二〇一五年から一六年にかけての一年あまりの間に書いたものである。今日の政治社会現象はそれこそ光陰流るるごとく変転しており、したがって枝葉の部分は原形をとどめないほどにそのつど追加・補正したが、骨格はもとのままである。政治現象や社会現象が時の経過とともに背後に追いやられていくのは宿命である。しかし、本書でとくに重視したのはそれらを貫く本質や原理、さらにはそれを体現するような現象である。したがって目先の変化（例えば大臣や内閣の交代）はそれほど問題ではない。本質や原理というものの性格上、大変革でも起きない限り次の段階に移行してもコマが代わっただけで本質や原理は骨格として維持されていくものだからである。もちろん先にも示唆したように、そうした本質や原理を体現する政治的現実のあり方（断面図）は時代とともに変奏し、その時代にふさわしい図柄や色彩を示していくであろう。

刊行に際しては、前著に続き学術出版社「書肆クラルテ」の秋山洋一氏にお世話になった。また担当の河合篤子さんには、気付きにくいところまで丁寧に校正していただいた。末筆ながらお礼を申し上げたい。

二〇一七年九月

駿河　藤枝の寓居にて　　間庭充幸

引用文献（引用箇所は本文中に記載。なお、新聞・雑誌からの引用はその名称とも本文中に記載）

・アーレント、ハンナ『全体主義の起源』〈一〉（大久保和郎訳）みすず書房、一九七二年
・アーレント、ハンナ『イェルサレムのアイヒマン――悪の陳腐さについての報告』（大久保和郎訳）みすず書房、一九六九年
・有賀喜左衛門『有賀喜左衛門著作集』〈Ⅶ〉未來社、一九六九年
・有賀喜左衛門『同著作集』〈Ⅳ〉未來社、一九六七年
・有賀喜左衛門『同著作集』〈Ⅹ〉未來社、一九七一年
・家永三郎『戦争責任』岩波書店、一九八五年
・ウェーバー、M.『職業としての政治』（西島芳二訳）岩波文庫、一九五二年
・ウェーバー、M.「社会科学および社会政策の認識の『客観性』」（出口勇蔵訳）『世界の大思想』〈二三〉河出書房新社、一九八二年
・大塚久雄『共同体の基礎理論』岩波書店、一九六一年
・笠原十九司『南京事件』岩波新書、一九九七年
・片岡健編『絶望の牢獄から無実を叫ぶ――冤罪死刑囚八人の書画集』鹿砦社、二〇一六年
・加藤陽子『満州事変から日中戦争へ』岩波新書、二〇〇七年
・岸信介・矢吹一夫・伊藤隆『岸信介の回想』文藝春秋、一九八一年
・金富子他責任編集『Q&A朝鮮人「慰安婦」と植民地支配責任――あなたの疑問に答えます』お茶の水書房、二〇一五年

・国立公文書館『誕生 日本国憲法』独立行政法人国立公文書館、二〇一七年
・サルトル、J-P.『弁証法的理性批判』〈I〉(竹内芳郎・矢内原伊作訳) 人文書院、一九六五年
・清水幾太郎『社会的人間論』角川文庫、一九五四年
・鈴木栄太郎『鈴木栄太郎著作集』〈I〉未來社、一九六八年
・鈴木栄太郎『同著作集』〈II〉未來社、一九六八年
・スノーデン、エドワード他『スノーデン 日本への警告』集英社新書、二〇一七年
・スパンヤード、バリー『地獄を見た少年――あるアメリカ人のナチ強制収容所体験』(大浦暁生・白石亜弥子訳) 岩波書店、一九八七年
・ソンタグ、スーザン『良心の領界』(木幡和枝訳) NTT出版、二〇〇七年
・高崎宗司『植民地朝鮮の日本人』岩波新書、二〇一二年(増補版)
・テンニエス、F.『ゲマインシャフトとゲゼルシャフト――純粋社会学の基本概念』〈上〉(杉之原寿一訳) 岩波文庫、一九五七年
・東條由布子編『大東亜戦争の真実――東條英機宣誓供述書』ワックKK、二〇〇五年
・豊下楢彦『集団的自衛権とは何か』岩波新書、二〇〇七年
・豊下楢彦『昭和天皇の戦後日本――〈憲法・安保体制〉にいたる道』岩波書店、二〇一五年
・中根千枝「日本と中国・朝鮮、家族構造の特色」江上波夫他『日本と中国――民族の特質を探る』小学館、一九八二年
・藤田省三『天皇制国家の支配原理』未來社、一九六六年
・ヘス、ルドルフ『アウシュビッツ収容所――所長ルドルフ・ヘスの告白遺録』(片岡啓治訳) サイマル出版会、一九七二年
・ホーフスタッター、R.『アメリカの反知性主義』(田村哲夫訳) みすず書房、二〇〇四年
・ホール、エドワード『かくれた次元』(日高敏隆他訳) みすず書房、一九七〇年
・本多勝一『中国の旅』朝日新聞社、一九七二年

・孫崎享『戦後史の正体』創元社、二〇一二年
・間庭充幸『共同態の社会学——人間性の呪縛と解放』世界思想社、一九七八年
・間庭充幸『日本的集団の社会学——包摂と排斥の構造』河出書房新社、一九九〇年
・間庭充幸『犯罪の深層——社会学の眼で見通す犯罪の内と外』有斐閣選書、二〇〇二年
・間庭充幸『犯罪と日本社会の病理——破壊と生の深層社会学』書肆クラルテ、二〇一四年
・マルクス、K.『経済学批判要綱』〈I〉（高木幸二郎監訳）大月書店、一九五八年
・マルクス、K.『経済学—哲学手稿』（三浦和男訳）『世界の大思想』〈II・四〉河出書房、一九六七年
・マルクス、K.『ドイツ・イデオロギー』（古在由重訳）岩波文庫、一九五六年
・ミュラー、ヤン＝ヴェルナー『ポピュリズムとは何か』（板橋拓己訳）岩波書店、二〇一七年
・柳田國男『定本 柳田國男全集』〈第一〇巻〉筑摩書房、一九六九年
・柳田國男『同全集』〈第一五巻〉筑摩書房、一九六九年
・矢部宏治『日本はなぜ、「基地」と「原発」を止められないのか』集英社インターナショナル、二〇一四年
・吉田裕『アジア・太平洋戦争』岩波新書、二〇〇七年
・吉見義明『従軍慰安婦』岩波新書、二〇一五年
・吉見義明監修『東京裁判——性暴力関係資料』現代史料出版、二〇一一年
・Hechter, M., *Principles of Group Solidarity*—Barry, B. etc. (ed.), California Series on Social Choice & Political Economy, Univ. of California Press, 1987.
・Kendall, D., *"Biological Explanations" Social Problems in a Diverse Society*, Allyn & Bacon, 1988.
・Mayer, H., *Outsiders: A Study in Life and Letters* (translated by Sweet, D. M.), The MIT Press, Cambridge 1982.
・Young, J., *The Exclusive Society: Social Exclusion, Crime and Difference in Late Modernity*, SAGE Publi., 1999.

（事典を含む参考文献は省略させていただいた）

間庭 充幸（まにわ　みつゆき）
1934年群馬県生まれ。京都大学大学院文学研究科博士課程を経て、現在は静岡大学名誉教授。専攻は社会学
主　書『共同態の社会学――人間性の呪縛と解放』（世界思想社）
『犯罪の社会学――戦後犯罪史』（世界思想社）
『現代の犯罪』（新潮社）
『日本的集団の社会学――包摂と排斥の構造』（河出書房新社）
『現代犯罪の深層と文化――日米中比較社会学』（世界思想社）
『若者犯罪の社会文化史――犯罪が映し出す時代の病像』（有斐閣）
『犯罪の深層――社会学の眼で見通す犯罪の内と外』（有斐閣）
『若者の犯罪――凶悪化は幻想か』（世界思想社）
『現代若者犯罪史――バブル期後重要事件の歴史的解読』（世界思想社）
『文化与犯罪――日本战后犯罪史』（高增杰译、北京・群众出版社）
『犯罪と日本社会の病理――破壊と生の深層社会学』（書肆クラルテ）

『日本政治の深層病理――戦後民主主義の社会学』

2018年4月1日　第1刷発行
著　者　間庭充幸
発行者　秋山洋一
発行所　株式会社 書肆クラルテ
〒603-8237　京都市北区紫野上若草町31-1
電話・FAX 075-495-4839
ホームページ　http://www.clartepub.co.jp
発売元　株式会社 朱鷺書房
〒635-0085　奈良県大和高田市片塩町8-10
電話 0745-49-0510 ／ FAX 0745-49-0511
振替00980-1-3699
ホームページ　http://www.tokishobo.co.jp
印　刷　尼崎印刷株式会社

ISBN978-4-88602-657-6